물감이 스며든 아빠의 하루

물감이 스며든 아빠의 하루

글·그림 장광현

프롤로그

우린 의미 없이 살 수 없다

　작년 겨우내 전작 《일상으로의 초대전》 탈고로 시간을 보냈다. 출간 날짜는 출판사 일정에 맞춰 순차적으로 이뤄진다는 말을 들었다. 책 편집을 마친 담당자가 보내준 최종 메일엔 출판일도 적혀 있었다. 출판일은 어머니의 기일이었다.

　어린 시절의 나는 어른들로부터 쪼그만 게 왜 그리 꼬박꼬박 말대꾸하냐는 꾸중을 많이 들었다. 혼이 나도 그 이유가 타당하지 않거나 받아들일 수 없을 땐 입으로 저항했다. 물론 그 끝은 좋지 않았다. 대부분 꾸중과 체벌로 끝이 났지만, 나는 입을 닫지 않았다. 그땐 이해할 수 없던 것들이 많았고 어른들은 그런 내가 되바

라져 보였다.

멈출 줄 모르던 내 저항도 중학생 시절로 끝이 났다. 그 시절은 대화와 설득의 시대가 아니었다. 아버지는 듣는 사람이 아니었고 교사들은 대체로 폭력적이었다. 어느 순간 깨달았다. 슬프게도 난 모두에게 사랑받는 학생이 아니었다.

예전엔 학교에서 혼이 나면 집에서 2차로 혼이 났다. 감히라는 말로 모든 것은 설명됐다. 혼이 나면 웅크렸고 돌아서선 그런 내 모습에 화가 났다. 하지만 어머니는 그런 나를 알아주셨다. 설명하고 설득하는 일을 멈추지 않으셨다. 늘 뾰족했던 나의 사고는 어머니 덕분에 간신히 균형감을 유지할 수 있었다.

성인이 되어선 주변에서 너는 말을 참 잘한다는 얘길 종종 들었다. 자기주장이 강하다는 말도 들었다. 여전히 옳은 말도 부드럽게 할 줄 몰랐던 나는 자주 부딪히고 깨졌다. 가끔 어머니와 대화를 나눴다. 어머니는 논리보다는 감정 다루는 법을 알려주셨고, 그럼에도 못난 자식을 자랑스러워하셨다.

어머니는 자신보다 훌쩍 커버린 자식의 머리를 쓰다듬는 것을 좋아하셨다. 우리 아들은 늘 쳐다만 봐도 아깝다고 하셨고, 너는 자유로운 아이라서 결혼은 안 해도 좋으니 곁에서 같이 살자고 하셨다. 나는 답답한 집을 벗어나고 싶었고 어머니는 늘 걱정하셨다. 종종 지나가다 들렸다며 내 작업실에 먹을 것을 들고 찾아오셨고, 잔소리를 싫어하는 아들을 위해 금방 떠나셨다.

어머니는 어느 봄날 내 곁을 떠나가셨다. 내 아내도, 내 아이들도 그리고 막내아들을 자랑스러워하실 그 무엇도 아직 보여드리지 못했는데 내 곁을 떠나가셨다. 그날의 날씨는 화창했다.

　수업을 변경해 반일 연가를 쓰고 어머니가 계신 가족 공원을 찾았다. 계절과 어울리는 작고 예쁜 꽃을 사서 유리에 붙였다. 유골함 앞에 놓인 어머니의 사진을 오래 쳐다보았다. 하고 싶은 말이 참 많이도 쌓였는데, 할 수 없음이 서러웠다. 차가운 유리에 잠시 이마를 댔다. 입 밖으로 무슨 말이라도 꺼내 보고 싶었다. 주변엔 나 말곤 방문객이 안 보여 혼잣말로 근황을 전했다.

　둘째가 또래보다 말이 빨라서 너무 기특하고 예쁘며, 엊그제 첫째의 다섯 번째 생일잔치를 커다란 한정식집에서 했다고 말했다. 형과 나는 잘 지내고 있으며 여전히 어머니가 너무 보고 싶다고 말했다. 그리고 정말 하고 싶던 말인 오늘이 내 책 출판일이라며 자랑했다.

혹시 엄마가 날짜를 택한 거냐고 물어봐도 대답은 없었다. 알고 있었다. 그냥 말해보고 싶었다. 어머니의 목소릴 듣고 싶었다. 늘 죄송한 나는, 내가 하는 모든 일에 의미가 있길 바랐다. 결혼도, 아이를 키우는 일도, 어머니의 기일에 책이 나오는 것도. 보고 계셨다면 칭찬하셨을까. 이런 날엔 모든 것들이 무의미하게 느껴지기도 한다.

고개를 들어 사진을 보니 어머니가 웃고 계셨다.

첫째가 벌써 이리 컸어요.

프롤로그

차 례

프롤로그 • 4

Ⅰ. 아이들이 잠들면 아빠는 그림을 그린다

1. 노란 꽃 보듯 너를 봄 • 16
2. 다음은 네 차례야 • 19
3. 달리기와 흙길과 바람과 그림 • 25
4. 장모님의 네잎클로버 • 29
5. 어리석은 남자의 근심 • 35
6. 이길 때보다 질 때 배우는 게 많아 • 41
7. 그렇게 소년은 아빠가 된다 • 47
8. 오복이의 방학 • 53
9. 아빠는 세균맨 • 60

Ⅱ. 아빠는 미술 교사

10. 빛을 그리겠다며 그림자만 보고 있을 때 · 68
11. 화가 많은 그대에게 · 74
12. 당신 참 한가하군요? · 81
13. 시작하는 예술가에게 · 87
14. 내 사랑은 남쪽 바람을 타고 달려요 · 93
15. 나를 지워가는 일 · 98
16. 낙하의 속도 · 103
17. 전원이 꺼진 아이들 · 109
18. 우리 아이가 담배를 피운 게 맞나요? · 116
19. 소외된 자들이여, 내게로 오라 · 122
20. 종이비행기를 오래 날리는 방법 · 128

Ⅲ. 상처 난 자리에 핀 반창고

21. 커다란 문을 열고 · 136
22. 사랑의 레시피 · 142
23. 정말 사랑하나요? · 150
24. 만약에 말야 · 156
25. 푹 삭힌 관계 · 163
26. 소인배의 고백 · 169
27. I fall in love too easily · 174
28. 챙겨 먹어요 · 179
29. 눈 오는 날의 도서관 · 184
30. 삶은 우리를 내버려두지 않는다 · 190
31. 밥값도 못하는 사람들 · 196

에필로그 · 203

I.
아이들이 잠들면 아빠는 그림을 그린다

1.
노란 꽃 보듯 너를 봄

 산수유꽃이 피었다. 아이와 함께 놀러 나간 집 앞 공원에는 길마다 작고 귀여운 산수유꽃들이 가지 위에 모여있었다. 도심 속 술 적은 산수유꽃들이지만, 겨울이 지나간 자리에 점처럼 노란빛이 흩뿌려져 내 눈으로 봄의 온기가 전해진다.

 개나리, 산수유, 해바라기, 민들레 그 어떤 노란 꽃이 정겹지 않던가. 이름 아는 꽃이 열 개가 안 되는 나라도 노란 꽃의 귀여움은 좋아한다. 꽃을 좋아하면 나이가 든 것이라던데 나에게도 그런 순간이 찾아왔는지도 모르겠다. 뭐든지 자연스럽게 스며드는 시기가 있다. 내 사십춘기에는 꽃이 찾아와도 좋겠다.

둘째와 공원 놀이터에서 그네와 미끄럼틀을 타고 놀아주었다. 아니, 아이가 나와 놀아준 것이다. 노는 내내 아빠가 아이를 졸졸 따라다니고 있었으니 말이다. 둘째의 에너지를 따라잡기엔 하찮은 연비를 갖고 있는 나는 한 시간도 안 돼 금세 피곤함을 느낀다. 하지만 숙련된 아빠라면 달라야 한다.

정적인 놀이와 동적인 놀이를 적절히 섞어가며 휴식과 놀이를 반복한다. 아빠의 작은 손짓발짓에도 내 아이는 까르륵대며 맑은 웃음소리를 굴린다. 안아주려 하면 도망가고, 도망가면 다가오는 이 작은 녀석은 쉴 틈 없이 아빠를 들었다 놓는다. 문득 주변을 바라보니 노란 꽃같이 작은 아이들이 공원에 있었다. 부모 품을 가지 삼은 작고 노란 산수유꽃 아이들이 피어 있었다.

겨울은 늘 그렇듯 길었다. 하늘 아래 피조물들은 다시 찾아올 따뜻한 날을 위해 웅크리고 인고했다. 그 사이 아이들도 겨울을 그냥 보내지 않고 저마다의 싹을 틔웠다. 작고 노란 아이들. 겨울에서 봄으로 넘어가는 가장 극적인 이때를 노란색과 아이로 추억하고 싶다.

한낮의 공원엔 노란 웃음이 바람을 타고 흘렀다. 맑은 웃음에는 활짝 핀 꽃이 연상된다. 꽃과 나무는 그렇게 서로를 안아 주고, 아이와 나는 발을 구르며 웃는다.

아프지 말고.

2.
다음은 네 차례야

아내가 임신한 첫째가 아들이라는 사실을 알고 난 후, 자라날 아이와 꼭 함께하고 싶은 몇 가지 희망 사항이 생겼다. 같이 손잡고 집에 가기, 목욕탕에 함께 가기, 운동장에서 공놀이하기, 자전거 가르쳐주기 등 사소하지만 상상으로만 가능했던 것들.

아이가 첫걸음을 내딛고 제법 잘 걷게 되자, 아내는 종종 아이와 함께 퇴근길의 아빠를 집 앞에서 맞이했다. 아이의 작은 손을 잡고 집까지 걸어가는 길이 얼마나 감격스럽던지. 몇 년이 지난 지금도 생생히 기억나는 것을 보면, 그때는 하루하루 아이의 변화를 지켜보는 일이 기쁨이고 기적이었다.

요즘 아들이 자전거에 푹 빠져 있다. 또래 아이들이 킥보드와 자전거로 노는 것에 큰 호기심을 보이길래 작고 예쁜 네발자전거 하나를 선물했다. 직접 안장에 앉아보곤 자기 자전거 맞냐고 방방 뛰는 모습을 보니 생각보다 비쌌던 자전거 가격이 전혀 아깝지 않았다.

아내는 결혼 전까지는 자전거를 타지 못했다. 처녀 시절엔 겁이 많아 배울 엄두도 못 냈다는데, 내가 어디든 자전거를 타고 다니는 모습에 호기심이 생겨 자신도 배우고 싶다고 말했다. 나는 기회는 이때다 싶어 예쁜 미니벨로 하나를 먼저 사준 후 타는 법을 가르쳐줬다. 배운지 두 시간 정도가 지나자 흔들거리던 자전거는 앞으로 똑바로 나아갔고, 아내는 터져 나오는 웃음을 참지 못했다. 바퀴 두 개가 주는 자유로움이 아내의 기대보다 좋았는지, 자동차에 이어 자전거까지 가르쳐준 남편을 한동안 우러러봤다. (아내는 빈말에 인색하지만, 이번만큼은 칭찬의 연속이었다.)

때로는 소심하고 예민한 아들에게 자전거를 가르쳐 주는 일은 이와는 달리 쉽지 않을 것 같았다. 녀석은 아주 사소한 일에도 자신의 계획과 다르면 심하게 짜증을 부린다. 처음이라는 기억을 좋게 남겨주고 싶은 아빠는 마음을 비우고 아이의 기대감을 자연스럽게 부풀렸다.

처음 자전거에 탄 아들은 긴장으로 온몸이 경직돼 있었다. 뒤에서 안아주듯 자전거를 밀어주는 아빠에게 안정감을 느낀 건지 금세 몸에서 불필요한 힘이 빠졌다. 나는 손으로 페달을 직접 돌려주며 발을 구르는 방법과 브레이크를 밟는 법, 시선을 앞에 두고 손잡이를 고정하는 법을 아이에게 가르쳤다. 녀석은 평소답지 않게 한 시간 넘도록 말 한마디 없이 부지런하게 페달을 밟았다. 됐다 싶은 어느 순간, 뒤에 있는 아빠를 의식하지 않고 따르릉 소릴 내며 아들은 앞으로 나아갔다. 녀석의 뒷모습에선 활짝 핀 미소가 보였다.

이젠 주말만 되면 아이와 자전거를 타고 노는 것이 일정에 포함되었다. 아들은 집에서도 매일 자전거에 올라 페달을 헛바퀴 돌리며 타는 날만 기다린다. 한가한 주말 아침, 공원에서 자전거를 타는 아들에게 초등학교 저학년 아이들이 다가왔다. 단

순 호기심인 줄 알았는데 아이들은 아들에게 같이 놀자며 손을 내밀었다. 쑥스러워도 평소 자신보다 나이 많은 형들을 좋아하는 아들이기에 자연스럽게 그들을 따라 어울렸다.

녀석은 바쁘게 쫓아다니는 아빠를 잊고, 형들을 따라 자전거로 공원을 헤집고 다녔다. 요즘 초등학생들은 학원 다녀 바쁘거나 휴대전화 게임만 하는 줄 알았더니 이렇게 순박한 아이들도 있었다. 뒤에서 지켜보다 내 어린 시절이 떠올랐다. 그때는 약속도 필요 없이 알아서들 놀이터에 모이면 모든 것이 해결됐다. 나는 놀이터에서 형들에게 놀이를 배웠고, 그 경험을 다른 아이들과 긴 시간 동안 공유했다.

한때 골목대장이었던 아빠가 새로운 무리에 들어간 아들을 본다. 녀석은 무리에 뒤처지지 않으려 작은 몸을 쥐어짜며 자전거 페달을 밟았다. 형들은 끊임없이 아이를 독려하고 이에 호응하듯 아들의 운전 솜씨는 눈에 띄게 좋아졌다. 할 일을 잃은 아빠는 그저 바라볼 뿐이었다.

십여 년 전, 지인을 따라 경기도에 있는 한 작은 사찰에 방문한 적이 있었다. 법당 안으로 들어가니 파들거리는 작은 촛불들이 불단 위를 가득 채우고 있었다. 주지 스님께서는 내게 차를 건네주며 말씀하셨다.

"지혜는 저 촛불과도 같아서 곁에 나눠주고 또 나눠줘도 그 크기와 빛을 잃지 않습니다."

내가 배운 것을 제대로 전하며 살고 있는 걸까. 가르치는 일을 업으로 삼고 있지만, 아직 나는 이 길의 끝을 알 수 없다. 멀어 보이는 길은 잠시 잊고 가까운 곳을 본다. 아이 몸이 기억할 자전거의 처음이 아빠로부터라는 사실에 감사한다. 아들은 자라서 또 누군가에게 이를 그대로 전달할 것이고….

세상과 세상이 만나서.

3.
달리기와 흙길과 바람과 그림

 아이들도 늦게 일어나는 주말 아침, 운동복을 챙겨 입고 조용히 집을 나섰다. 늘 피곤함에 절여져 있어도 달린 후에는 활력이 생긴 것을 느낀다. 그 힘으로 반나절은 애들과 잘 놀아주는 아빠가 될 수 있으니, 아내도 남편의 달리는 시간을 배려해준다. 난, 둘째와 함께 낮잠을 자야 남은 시간을 버틸 수 있다는 것이 내 달리기의 허점이다.

 새로운 러닝화를 신고 달려보니 관절에 부담이 줄어든 것이 느껴졌다. 평소 내가 신던 러닝화는 별생각 없이 좋아하는 메이커의 예쁜 신발을 구매한 것인데, 친구들의 의견은 달랐다. 애 아빠 관절 생각하라며 돈을 모아 좋은 신발 하나를 생일 선물로 보내줬다.

 그들 덕분에 내가 일 년간 애용하던 신발은 일선에서 물러나게 됐다. 아직 멀쩡한 신발이지만 이제는 궂은날에만 쓰일 것이다. 미안함에 아내의 흰 신발을 씻어 준다는 구실로 녀석까지 깨끗하게 씻겨주곤 잘 말려 신발장에 넣어두었다.

 천천히 길 위를 달리며 새들과 인사하고 푸른 잎사귀들을 눈에 담으며 러닝의 마지막 코스로 들어섰다. 한적한 집 앞 공원은 목표치를 채우기 위해 마지막으로 뛰는 곳이다. 트랙을 돌다 보니 한 주 사이에 모르던 길 하나가 생긴 것이 보였다. 안내판을 자세히 보니 맨발 걷기 길이라 쓰여 있었다. 요즘 유행이라는 얘기는 들었으나 이렇게 빨리 집 앞에 생길 줄은 몰랐다.

 뜨거워진 발을 식혀줄 겸, 양말을 벗고 신발은 뒷짐으로 지며 나무가 우거진 소로로 들어갔다. 해가 들지 않는 황톳길은 계절과 어울리지 않게 차가웠다. 발에 닿는 딱딱함 위로 느껴지는 점성은 내가 밟고 있는 것이 무엇인지 걸음마다 상기시켰다. 나무 사이를 비집고 들어와 바닥에 드러누운 햇빛과, 유독 잘 들리는 새소리는 이곳을 바깥세상과 분리하고 있었다. 바람도 그늘과 하나인 듯했다. 땀이 흐르던 목덜미는 수분이 증발하며 금세 시원해졌다.

발밑에 둔 시선을 돌려 길 끝을 보았다. 나무들과 길은 서로 가상의 선을 이어가며 소실점 하나를 만들고 있었다. 1점 투시로 쉽게 묘사될 수 있는 이 길을 보니 오랜만에 캔버스를 들고 풍경을 그려보고 싶었다. '그리다'라는 말엔 사랑하는 마음으로 간절하게 생각한다는 뜻도 있다. 자연을 사랑하는 사람은 자연을 그리고, 인간을 사랑하는 사람은 인간을 그린다.

아이들이 태어난 후 내 주된 관심사는 아이들이 되었다. 매일 성장하는 아들과 딸의 모습을 글과 그림에 담으며 고단한 시기도 웃으며 보냈다. 평화로운 고요 속에서 문득 깨닫게 되는 것이 있었다. 내 일상의 모든 이야기는 전부 아이들의 모습으로 설명할 수 있었다. 나도 몰랐던 나는, 순간을 붙잡고 있었다.

세족장에 앉아 찬물로 발을 닦았다. 시계를 쳐다보니 너무 여유를 부린 것 같았다. 아이들이 일어날 시간이었다.

선물.

4.
장모님의 네잎클로버

장모님 댁은 우리 집에서 그리 멀지 않은 곳에 있다. 하지만 운전 못 하시는 장모님에겐 지하철 두 번은 갈아타야 올 수 있는 번거로운 곳이 우리 집이다. 아내가 다시 일을 시작한 후부터는 매주 딸이 사는 집으로 찾아오신다. 출가한 자식을 위히는 엄마의 마음은 곁에서 지켜보는 사위조차 쉽게 알 수 있다.

오실 때마다 아이들 음식을 잔뜩 만들어 주시니 아내가 많이 의지하는 것이 보인다. 평소엔 양손 무겁게 식재료를 들고 오시는데, 이번엔 웬 풀때기를 들고 오셨다. 무엇인지 여쭤보니 오는 길에 꽃밭이 예뻐서 한참을 쳐다보다가 눈에 띄는 네잎클로버 세 개를 따왔다고 말씀하셨다. 그게 가능한 일인지 놀라워하는 내게 아내와 닮은 미소로 농담을 건네셨다.

"아니, 울 사위는 그 흔한 네잎클로버도 못 찾는가?"

———————

내 어릴 적 친구들은 네잎클로버를 찾으면 학교까지 들고 와 교실을 순회하며 자랑했다. 한 번도 네잎클로버를 찾은 적 없던 나는 구경만으로도 금세 들떴다. 그 희귀하다는 네잎클로버를 찾은 녀석들은 아이들에겐 영웅이자 모험가였다. 가져온 녀석마다 '이건 행운을 불러온다'라며 잔뜩 상기된 얼굴로 조심스럽게 만졌다. 친구들은 더욱 만져보고 싶어 안달이 났다. 나 또한 한 번만 만져보자며 영웅들에게 애걸했고, 친분으로 겨우 만져 본 네잎클로버는 신비 그 자체였다.

나는 종종 부러움을 견디지 못해 직접 행운을 찾아 나서기도 했다. 하지만 돌아오는 길은 늘 빈손이었다. 진짜 네잎클로버가 있기는 한 건지, 내 눈엔 도무지 보이질 않았다. 괜히 세잎클로버를 발로 차며 투덜댔어도 아쉬움에 시선은 발아래에서 떨어뜨릴 수 없었다. 쭈그려 앉아 찾아봐도, 곁눈으로 훑어봐도 없는 건 없는 거였다. 나는 행운의 표상을 찾을 수 없었다.

   미련을 버리지 못해 그 시절 한참 유행했던 껌 포장지 속 네잎클로버라도 당첨되길 바랐다. 그 또한 아이들에겐 지금의 포켓몬 스티커처럼 인기였다. 그러나 슈퍼에 갈 때마다 껌을 사봐도 네잎클로버는 내게 얼굴을 보여주지 않았다. 속설이 사실이라면, 난 지독히도 운이 따르질 않는 아이였다.

   장모님이 주신 세 개의 네잎클로버를 말리기 위해 넓은 책 사이에 끼워 넣었다. 잘 건조한 후 학교에 있는 기계로 코팅했다. 가위로 잘라내 모양을 잡으니 제법 봐줄 만했다. 마침 쓸만한 책갈피가 없어 필요한 참이었는데, 좋은 책갈피를 선물 받은 기분이었다.

   장모님께 모양이 예쁘게 잡힌 네잎클로버 하나를 드렸다. 아직 소녀 같은 미소를 지니신 장모님은 사위가 예쁘게 코팅했다며 웃으며 고마워하셨다. 아내에게도 한 개를 나눠준 뒤 남은 것은 요즘 내가 읽는 책에 끼워두었다. 두꺼운 책 사이로 빼꼼 얼굴을 내민 네잎클로버를 보니 한때는 이들이 풀과 나무였다는 생각이 들었다.

'너희는 이렇게도 잘 어울리는구나.'

일상을 글로 담다 보니 평소 눈에 띄는 소재는 없는지 유심히 주변을 살펴본다. 하지만 특별한 글감을 찾아내는 재주가 내겐 없다. 다람쥐 쳇바퀴 돌듯 평범하게 사는 사람은 여전히 네잎클로버를 찾질 못한다. 이미 커버린 나는 애먼 바닥을 발로 차며 투덜대는 대신, 일상의 세잎클로버를 글로써 어루만진다. 반복되는 일상이 늘 같은 모양처럼 보여도, 생각을 내밀어 더듬다 보면 감정의 색상과 크기 차이를 느낄 수 있다.

검색창을 살펴보니 세잎클로버의 꽃말을 사랑하는 사람들이 많아 보인다. 변한 세상만큼이나 주목받지 못했던 평범한 것들이 관심받는 시대가 됐다. 이제는 영화에서도 조연이 각광받는 세상인데 클로버라고 다르진 않을 것이다. 행운의 의미를 지닌 네잎클로버와는 달리 세잎클로버의 꽃말은 행복이다. 네잎클로버를 관찰하다 허릴 숙여 총알을 피한 나폴레옹에겐 행운이, 평범하기에 뜯기지 않고 모여 살 수 있는 세잎클로버엔 행복이란 꽃말이 어울린다. 나는 행운만 쫓아다니다 행복을 몰랐던 시절이 떠오른다. 글을 읽고 있는 그대에겐 행복이 무엇인가?

　오늘 저녁 있던 일이다. 내겐 토끼 같은 딸이 토끼 인형을 안고 오빠를 괴롭히다 아내에게 혼이 났다. 나는 우는 아들을 달래주고, 아내는 자신과 무척이나 닮은 딸을 진지하게 혼냈다. 아들을 달래주다 두 모녀의 모습을 보니 웃음이 터져 나왔다. 아내가 거울에 비친 자신을 혼내는 것 같았기 때문이다. 영문을 모르는 아들은 아빠에게 웃지 말라고 더 서럽게 울었다. 아내는 애 혼낼 때는 웃지 말라고 나까지 혼을 냈다. 태세를 바꿔 혼나던 딸도 합세해 아빠에게 웃지 말란다. 셋이 나 하나를 두고 으르렁대니 머쓱했다. 덩치 큰 아빠도 사나운 토끼 셋에겐 먹잇감일 뿐이다. 에잉, 토끼 같은 녀석들. 토끼풀, 네 가족…?

힝. 나 삐졌어!

5.
어리석은 남자의 근심

긴 텍스트보다 이미지 하나가 더 많은 것을 설명할 때가 있다. 일본의 소설가 마루야마 겐지의 이야기다. 그는 어린 시절 동물원에서 어미 원숭이가 이미 죽어 말라비틀어진 새끼 원숭이의 손을 끌고 다니는 모습을 보곤 커다란 진실을 획득한 느낌이 늘었다고 회고했다.

내 업이 미술에 있다 보니 이미지 하나에도 여러 의미를 부여하거나 읽는 것이 익숙하다. 예술 작품은 그 안에 작가의 문제의식이 고스란히 녹아있어야 한다. 나 역시 그런 작업을 추구하기에 타인의 작업을 감상할 때도 그런 부분을 유심히 살펴본다. 내 산문에도 글과 어우러질 수 있는 드로잉을 글 뒤에 넣어두곤 한다. 때로는 그림이 설명할 수 없는 것들에 대한 설명이 되곤 한다.

 가끔 우리 집 아이들을 보면 '일 더하기 일이 꼭 이는 아니구나'라는 생각을 한다. 한 명을 돌볼 때의 수고로움이 두 명이 되고 나니 곱절에 가까운 고단함이 됐다. 아이들은 틈만 나면 거실에서 부엌까지, 때로는 방과 방 사이를 전속력으로 뛰어다니며 서로의 신체 능력을 뽐낸다. 또한 집에서도 자주 유아용 자동차와 킥보드를 타고 트랙을 돌듯 질주하는데, 그 끝은 대부분 다툼으로 마무리된다.(이미 본인들이 끌어올린 흥은 아빠의 경고로는 가라앉질 않는다.)

 경쟁심이 강한 둘째는 어떻게든 오빠를 이기려 한다. 첫째는 여동생에게 양보만 하는 것이 싫다. 장난감 하나에도 경쟁이 붙어 서로 뺐고 빼앗기 십상이며, 가끔 몸싸움이 벌어지기도 한다. 보통은 실랑이만 요란하지 고사리 같은 손으로 서로를 때리는 일은 발생하지 않는다. 폭력을 쓰면 엄마 아빠가 엄하게 혼내는 것을 아는 아이들이다. 그런데 어제는 장난이 심해져 첫째가 둘째를 밀쳐 넘어뜨렸다.

말리려는 찰나 아이는 넘어졌고, 다행히도 온 집안 바닥엔 쿠션이 깔려있어 큰일이 생기진 않았다. 하지만 그 순간 스쳐 가는 둘째의 표정을 나는 아주 느리고도 분명하게 볼 수 있었다. 아이는 당황한 얼굴이지만 눈물을 꾹 참고 있었고, 입은 일자로 다물며 몸을 벌떡 일으키려고 했다. 나는 그 순간 무언가 중요한 것을 엿본 듯했다. 이상한 일이다. 그 장면 하나에 많은 것이 담겨 있는 것만 같았다.

―――――――――

학교에서 매주 벌어지는 학교폭력과 선도 사안으로 심력 소모가 큰 나날을 보내고 있다. 평범한 아이들의 분별없는 잔혹성을 볼 때는 생각이 많아진다. 사과와 해명은 부모의 몫이며, 이와 대비되는 가해 학생들의 해맑음이 최근 교육 현장을 대변하는 것 같아 마음이 편치 않다. 과연 나는 내 아이들을 잘 키울 수 있을까.

우리 아이들이 자라고 지낼 환경을 걱정하게 된다. 아직 연약한 존재들이 험한 세상을 어떻게 살아갈지, 그리고 올바른 가치관을 형성하며 성장할 수 있을지 염려한다. 경쟁심 강한 내 딸이 남자아이들 사이에서도 잘 지낼 수 있을지 근심한다. 유약한 아들이 괴롭힘을 당하지 않도록 호신술을 가르쳐보는 것은 어떨지 고민이다.

  이 모든 것들은 내 마음의 때가 묻어난 조각들이다. 생각의 화탕 속에선 시야는 부옇게 가려지고 희망엔 그을음이 껴 어둡게 보일 때도 있다. 아이들을 안전하게 키우고 싶다는 보호자의 본능이 서글픈 요즘이다. 보고 들리는 것들이 두려워 그렇다. 내 아이들이 커가며 누군가에게 상처를 주는 존재가 되지 않기를 바란다. 그리고 불의에는 현명하게 대처할 수 있는 사람이 되길 소망한다.

  늦은 밤, 곤히 잠든 아이들의 모습을 보았다. 이불 밖을 삐져나온 작고 통통한 발들이 어둠 속에서도 빛을 내는 듯 선명하게 보였다. 평온한 시간이었다. 가만히 지켜보다 아이들이 성장하며 저 발들도 커질 것이며, 자신의 힘으로 걷는 만큼 굳은살이 생길 것이라는 평범한 깨달음이 불안을 걷어냈다. 피곤한 시기를 겪다 보니 예민했다. 방파제는 단단하게 서 있는 그 자체로 파도를 막아줘야지, 흔들거려서야 제 역할을 못 한다.

『열자列子』천서 편天瑞篇에 한 유명한 고사가 있다. 중국 기 나라에 하늘이 무너지면 몸 둘 곳이 사라진다며 밤에 잠을 이루지 못하고 밥도 먹지 못하는 남자가 있었다. 이를 보다 못한 한 사람이 그에게 하늘은 공기가 쌓여있을 뿐 무너질 일이 없고, 땅도 천지에 흙이 두껍게 쌓여 꺼질 일이 없다며 안심시켜 주었다. 이에 남자는 크게 기뻐하며 더는 근심하지 않았다.

늘 이렇게 당당하게 살아야 해.

6.
이길 때보다 질 때 배우는 게 많아

불현듯 재밌는 아이디어가 떠올라 보드게임을 만들었다. 아직 숫자 읽는 것에 서툰 아이들이 숫자와 친해지도록 즉흥적으로 만들었는데 제법 괜찮아 보였다. 아빠가 큰 몸을 수그리고 무언갈 그리고 있으니 기민히 지켜볼 녀석들이 아니다. 내 몸에 매달리며 아빠가 뭘 하는지 계속 물어봤지만, 일부러 대답을 피했다. 이 작은 악당들 애간장 태우는 일은 요즘 내 은밀한 기쁨이다.

작은 장난감 두 개를 말로 삼아 놀이판 위에 올려놓으며 같이 놀 준비를 끝냈다. 아이들에게 주사위를 굴리며 놀이판에 적힌 숫자대로 말을 움직이는 놀이 방법을 알려줬다. 놀이를 이해한 아들은 소리 지르며 좋아했고, 딸은 영문도 모르고 같이 좋아했다. 아빠 대 아이들로 팀을 나누고 게임을 시작했다. 아들은 주사위를 잘 굴려 두 판을 내리 이겼다. 숫자를 읽으며 활동하는 보드게임에 제법 교육적인 효과까지 보여 흐뭇했다.

이기는 데 재미를 느낀 아들은 놀이를 더하자며 졸랐다. 기왕 만들었으니 충분히 즐기고자 이어서 한 세 번째 게임에서 문제가 생겼다. 본의 아니게 내 주사위 운이 좋아 아들을 이겨버린 것이다. 아들은 급 소심해져 보드게임이 싫다며 토라졌다. 아, 이런. 녀석은 자신 뜻대로 되질 않거나, 무언가에 지는 느낌을 받으면 종종 이런다. 세상 다 잃은 표정을 지으며 울먹이는 아들 귀에 아빠 설명은 들어가질 못했다. 아내는 아들을 달래주고 놀이는 그렇게 허무하게 끝났다.

아이에게 놀이는 지면서 배우는 것이 더 많다는 것을 알려주고 싶었다. 놀이는 이기는 데 그 목적이 있지 않다고 가르쳐주고 싶었지만, 아들은 아직 어렸다. 녀석은 지는 것을 매우 싫어하고, 그 성향은 자기 아빠를 닮은 것 같아 쓴웃음이 나왔다.

어린 시절 나는 자존심만 강했다. 차라리 자존감이 높았다면 어땠을까 생각해 본다. 사소한 일에도 지는 것이 싫던 피곤한 승부욕은 오랜 시간 나를 괴롭혔다. 왜 그랬을까. 내 아버지는 칭찬에 인색하셨다. 그리고 질책엔 부지런하셨다. 모든 일의 원인을 부모에서 찾는 것도 우습지만, 그 시절 나는 분명 인정에 목말랐다. 왜 그랬을까.

무엇이든 배우는 것이 빨랐기에 집 밖에서는 칭찬받는 일도 많았다. 그리고 칭찬엔 중독성이 있었다. 우월함을 뽐내야만 인정받는다고 여겨 나보다 서툰 친구를 얕잡아 보는 일도 있었다. 그 하찮은 우월감은 독이 됐다. 남들보다 못한다고 여기는 일이니 실패를 점점 두려워하게 되었다. 친구들은 실패를 딛고 성장할 때 누구는 자신의 나약함을 숨기는 데 급급했다. 초반에만 빨랐던 성장은 여러 곳에서 정체되었다.

벌거벗은 임금처럼 남들은 보지 못할 것이라 생각했다. 하지만 언제까지 손바닥으로 하늘을 가릴 순 없었다. 뒤늦게 벌거벗은 자신을 보게 된 후, 이미 지나온 길로 되돌아갈 수밖에 없었다. 그 길을 통해 지금은 다른 사람이 되었냐고 묻는다면 아직은 대답하기 어렵다. 다만 그 또한 분명 의미가 있었다 믿을 뿐이다. 그간 깨닫게 된 것들이 현재 내 삶을 지탱하는 가치관이 되었으니 말이다.

아이들 특성일까, 타고난 천성일까. 아들은 기분 전환이 빠르다. 언제 그랬냐는 듯 다시 내게 다가와 새로운 놀이를 제안했다. 그저 서로의 역할에만 충실하면 되는 장난감 놀이였다. 그 놀이에서 나는 늘 악당 '쿠앙'이고 자신은 영웅 카봇이다. 진지한 표정으로 집중하는 아들 덕에 나 또한 덩달아 역할에 몰입했다. 정의를 외치며 자기 로봇으로 내 공룡을 때려대는 것을 보니 남은 앙금이 전혀 없지는 않은가 보다. 카봇 필살기에 내가 쓰러지며 비명을 지르니 좋아했다.

아이는 앞머리가 땀에 젖을 정도로 활동적이었다. 이만하면 충분해 보여 놀이를 마쳤다. 색색대는 아이를 내 무릎 위에 앉혀놓고 머릴 쓰다듬어 줬다. 많은 감정이 담긴 손길인데, 문득 녀석은 이 촉감을 커서도 기억할 수 있을지 궁금했다. 난 이미 아이에게 충분히 많은 말을 한 기분이었다.

내 앞에서 마음껏 까부는 아들이 몹시도 예뻤다. 다시 생각해 보니 녀석은 나와는 달랐다. 늘 자신이 좋아하는 것을 적극적으로 찾아갈 것이고, 그 안에서 배워가는 것이 많을 것 같았다. 소파에 앉아 멍하니 아들과 딸이 노는 모습을 보았다. 더 좋은 아빠가 되고 싶었다. 생각에 빠져 앞날을 그려보는데 아이들은 그 틈을 놓치지 않고 다퉜다. 아들은 장난감 양보를 안 하고, 딸은 그걸 뺏겠다고 달려들었다. 아, 이 녀석들을 진짜⋯.

이 참을 수 없이 귀여운 불손함.

7.
그렇게 소년은 아빠가 된다

여동생 때문인지 아들은 늘 높은 곳에 자신이 아끼는 장난감을 올려놓는다. 거실 책장 상단은 아들 장난감 진열장이 된 지 오래다. 문제는 너무 높은 곳에 두다 보니 자신도 꺼내기 불편해 쉽게 갖고 놀지 못한다는 점이다. 그럼에도 내려놓지 않는 것을 보면, 동생에게 장난감을 뺏기는 스트레스보다는 그게 낫나 보다.

집에 장모님이 찾아오신 저녁, 아들은 자랑할 것이 많다. 유치원에서 받은 책도 자랑해야 되고, 칭찬 스티커를 모아서 받은 장난감도 자랑해야 했다. 할머니 반응에 어깨가 으쓱해진 녀석은 이젠 보물 상자까지 꺼내 엊그제 주워 온 나무 열매까지 보여주기에 바빴다. 덩달아 나도 바빠졌다. 아들 요구에 따라 이것저것 꺼내주다 보니 대화는 자꾸 끊겼고 둘째는 통제 불능이 됐다. 딸은 시샘 때문에 오빠 장난감을 뺏고, 아들은 서럽게 울어대는 이 익숙한 풍경.

위기 상황 관리는 아빠 몫이기에 아이들에게 한 소릴 했다. 그리고 아들에겐 이젠 장난감을 내려놓고 서로 사이좋게 갖고 놀라는 말을 덧붙였다. 예상대로 녀석은 싫다며 저항했고, 난 강요에 가까운 설득을 했다. 보다 못한 장모님이 아들을 달래주며 내게 한마디 하셨다.

"아니, 자네도 방안에 장난감을 잔뜩 넣어둔 진열장이 있으면서 왜 아들 마음은 그리 이해를 못 해주나?"

―――――――

내 방에는 책장만큼이나 커다란 피규어 진열장이 있다. 이 진열장은 처음 집에 놀러 오는 손님에게 선뜻 방을 보여주기 민망한 이유가 된다. 진열장 속 다양한 프라모델 건담 때문인지,

책장을 가득 채운 책이나 진열된 도자기는 손님 눈길을 끌지 못한다. 대체로 손님들은 건담의 가격이나 만든 시간을 물어보고 감탄하지만, 그 진의를 파악하기 어려워 반응하기 부끄럽다.

건담이 뭔지 잘 모르던 내 어린 시절, 갖게 된 경위도 잘 기억나지 않는 커다란 건담 로봇 하나가 집에 있었다. 지금 생각해 보니 조악한 국산 모조품이었던 것 같다. 건담이 너무 좋은 나머지 목욕할 때도 욕조에 넣고 놀다가 그만 흐물흐물하게 녹아 버렸기 때문이다. 아직도 플라스틱이 그리 허망하게 녹은 이유를 모른다. 다만 더는 갖고 놀 수 없던 건담 때문에 몹시 속상했던 기억은 남아 있었다.

늘 무언가에 취해 살던 삼십 대엔 편히 잠드는 날이 드물었다. 밤마다 찾아오는 헛헛함을 인터넷 쇼핑으로 메우려 한 적도 있었다. 물론 물질은 해결책이 아니었다는 것 정도야 금방 깨달을 수 있었으나, 다른 해소 방법을 알지 못했다. 그러다 우연히 건담 프라모델을 보았다. 작은 스마트폰을 가득 채운 로봇은 어릴 적 내가 좋아했던 그 모습 그대로였다. 늦은 나이 장난감 구매를 고민하는 내 모습이 우스웠지만, 그래도 사야만 했다. 구매 클릭만으로도 이미 난 건담을 손에 쥐고 놀던 어린

애가 되었다.

    며칠 밤을 건담 조립으로 보냈다. 섬세한 부품들을 집중하며 조립하는 과정이 내 성향과 맞았다. 생각은 오롯이 건담 하나뿐이고, 귀는 음악을 향해 있으니 내면이 평화로웠다. 그렇게 조립에 빠져 이름도 잘 모르는 건담까지 구매하게 됐다. 내 책장은 점점 로봇으로 채워졌고, 결국 진열대까지 사게 되었다. 끝 모를 수집은 결혼을 기점으로 멈췄지만, 가끔 진열장에 놓인 건담을 바라보며 옛 기억을 떠올릴 수 있어 처분도 못 한 채 그대로 두고 있다.

    아이들 다툼은 그 시끄러운 시작과는 다르게 싱겁게 끝났다. 딸은 상황 파악이 빨라 애교를 떨며 재빨리 자기편을 찾고 (아빠), 아들은 시무룩해 있다가 다시 할머니에게 자신의 보물들을 소개하기 시작했다. 녀석은 자신의 장난감을 누구에게 무엇 때문에 받았는지 정확하게 기억하고 있었다. 그리고 이 장난감의 이름이 무엇이며, 어떤 역할인지 신이 나서 설명했다. 할머니의 맞장구는 아들을 춤추게 했고, 딸은 질세라 자신의 인형들을 데려와 할머니와의 만남을 주선했다.

장난감에는 아이들 추억이 담겨 있었다. 나와 다르지 않았다. 자기 장난감을 아끼는 아이에게 아빠는 성인의 아량을 바란 것은 아닌지 미안했다. 아이들이 노는 틈을 타 잠시 내 방에서 진열장을 바라봤다. 건담들과 내부 유리판에 쌓인 먼지가 보였다. 어느새 아들은 쪼르르 달려와 내 다리에 매달리곤 아빠 뭐 하고 있냐며 물었다. 대답이 궁색해 이젠 나가서 놀자는 나의 말에 아들이 말했다.

"아빠, 이 로봇들 나 크면 다 줄 거지~?"

"너 하는 거 봐서."

어떤 것이 더 크게 보여?

8.
오복이의 방학

1월이 됐다. 내가 근무하는 학교의 아이들은 겨울방학만 기다리는 중이다. 학교는 시간을 분절하여 계획하고 평가와 기록을 통해 한 해를 마무리한다. 공부는 끝이 없다지만 평가에는 정해진 기간이 있다. 이를 잘 알고 있는 아이들은 기말고사가 끝나면 자신의 할 일은 다 했다는 듯 스스로 자유로워진다. 지금은 교사로서 여러모로 곤욕스러운 기간이다.

유치원과 어린이집에도 방학이 있다. 몇 년 겪어봤지만, 아직 아이들 방학이 부담스럽다. 나와 아내가 일하는 동안 아이를 돌봐줄 사람이 필요하기에 처가의 도움을 바라는 상황이 그렇다. 이럴 때 마음 편히 부탁드릴 수 있는 어머니의 부재가 쓰리게 다가온다. 살아계셨다면 분명 손자, 손녀를 참 많이 예뻐하셨을 텐데. 고작 아이 봐줄 사람이 아쉬워 어머니를 떠올리는 모습에 내가 막내라는 사실을 새삼스레 깨닫는다.

    장모님이 방학 동안 첫째를 돌봐주겠다고 말씀하셨다. 평소 외부 활동이 많은 장모님이라 걱정했는데 다행이었다. 이를 알게 된 아들은 이참에 자신이 좋아하는 할머니와 이모가 있는 처가에서 지내겠다며 떼를 썼다. 장모님도 댁에서 아이를 돌봐주는 것이 편하신지 오히려 반색하는 모습이었다. 아직 부모 없이 아이를 외부에서 재워본 적이 없기에 아내는 걱정했으나, 아들의 예민한 성격상 길어야 이틀을 넘기지 못하리라 판단한 우리는 결국 외박을 허락했다.

    약속 당일이 되자 아들은 이삿짐 싸듯 자신이 좋아하는 장난감들을 커다란 가방에 넣었다. 그걸로도 부족해 대형 쇼핑백에 이것저것 야무지게 챙기고는 준비를 마쳤다며 방방 뛰어다녔다. 그 좋아하는 얼굴에 순간 마음이 착잡해졌다. 엄마 아빠 품을 떠나는 일이 왜 그리 좋단 말인가. 이런 아빠의 마음도 모른 채 아들은 장인 장모님의 손을 잡고 짧은 인사만 남긴 채 집을 나섰다.

아이가 떠나자 집이 조용해졌다. 오빠가 없으면 혼자 조용히 노는 편인 딸은 블록을 만지작거리며 자신의 세상으로 들어갔다. 아이들의 다툼을 말리거나 뛰어다니는 일을 제지할 상황이 사라지니 아내와 나는 집이 평화롭다며 웃었다. 분명 녀석은 처가에서 오만가지 일로 투정을 부릴 텐데 하루도 못 버티고 돌아오면 어떡하냐며 쓸데없는 걱정까지 했다. 공허한 웃음 끝에 커피잔 속 얼음이 녹아 딸그락하며 떨어지는 소리가 들렸다. 원래 얼음 떨어지는 소리가 이렇게 크게 들렸던가.

하루가 지나자, 아이의 상황이 궁금했던 아내는 처가에 전화를 걸었다. 장모님은 아들이 밥도 잘 먹고 매우 즐겁게 놀았으며, 간밤에 잠까지 잘 잤다는 소식을 전했다. 예상과는 달랐지만, 하루 정도는 그럴 수 있다고 생각했다. 나는 오랜만에 고양이 같은 딸과 오붓한 시간을 보낼 수 있어 좋았으나 아내는 집이 허전해졌다며 아들을 집으로 데려올 궁리를 했다.

이틀이 가고 사흘 나흘이 지나도 녀석은 돌아올 생각을 안 했다. 우린 아들에 대해 무언가를 잘못 알고 있었던 것만 같았다. 영상통화를 해봐도 아들은 상투적으로 보고 싶다는 말만 할 뿐, 이대로 할머니 집에서 살겠다고 선언했다. 그 어떤 좋은 것으로 유혹해도 넘어오지 않는 아들을 보니 배신감마저 들었다. 이유를 알지 못하는 우리 부부는 걱정이 깊어졌다.

장모님은 본인 의도와는 다르게 우리 부부의 걱정이 커지자, 아이 기분 좋을 때를 틈타 슬쩍 이유를 물어보셨다고 했다. 아들의 대답은 뜻밖에도 '동생이 없어서 좋다.'였다. 자신의 장난감을 뺏는 동생이 없어서 좋았고 사랑도 나눠 받지 않으며, 원하는 모든 것을 들어주는 이모와 할머니, 할아버지의 품이 좋았던 것이다.

요즘은 외동을 둔 가정이 많다. 자녀는커녕 결혼도 안 하는 시대에 부부가 아이 하나 키우는 일도 대단한 일이 되었다. 외동은 외로워서 안 된다거나, 버릇이 없어 형제자매가 있어야 한다는 말이 당연시됐던 시절도 있었다. 그 시절의 기억을 갖고 자란 나는 자녀 계획은 두 명 이상이 좋다고 말하는 사람이 되었다. 아이들이 서로 다투고 끊임없이 말썽을 피울지라도 사회생활의 핵심인 관계성을 길러줄 수 있다고 믿기 때문이다.

끊임없이 다투는 아이들에게 매일 배려와 양보에 대한 설명을 해주고 있지만 아이들에겐 스트레스였을지도 모른다. 자신의 이해를 넘어선 부모의 설득은 받아들이기 힘들 테니 차라리 서로 떨어져 있는 시간이 좋은 것이다. 홀로 놀고 있는 딸을 바라보았다. 맹수 같던 딸은 온데간데 없고 얌전한 고양이만 내 눈앞에 있었다. 동생은 오빠를 찾지 않고 오빠는 동생이 없어서 좋다는 상황에 내 어린 시절이 떠올랐다.

어린 시절의 나는 형이 원수 같았다. 괴롭힘을 당해도 세 살 터울의 형은 무엇으로도 이길 수 없는 존재였다. 반대로 형 입장에선 지는 것을 싫어하는 동생을 용인할 수 없었을 것이다. 결국 서로의 시야가 좀 더 넓어진 이십 대가 되어서야 우리는 상대를 존중할 수 있었다. 그저 시간이 필요했을 뿐이다. 관계의 속성을 이해하기끼지 말이다.

일주일 지난 주말이 된 후 우리 부부는 아들을 집으로 데려올 수 있었다. 이미 처가에서는 토요일이 되면 엄마 아빠랑 집에 가야 한다며 아들에게 마음의 준비를 시킨 상태였다. 눈물 많은 아들은 이모와 헤어지기 싫다며 마지막까지 울며 떼를 썼지만, 집에 도착하자마자 언제 그랬냐는 듯 동생과 함께 뛰놀

앉다. 여전히 투닥거리긴 했어도 둘 사이에 일주일의 공백은 느껴지질 않았다.

   육아는 공학이 아니다. 초기 입력값을 잘못 넣으면 고장 날 고성능 기계를 다루는 일도 아니다. 부모는 전능하지 않으며 아이들이 성장하면서 벌어질 모든 일에 대한 책임은 없다. 그냥 애정만 듬뿍 담아줘도 부모의 역할로는 충분할 텐데 인생이란 영화의 결말을 미리 다 본 사람처럼 아이들을 대할 때 오히려 문제가 된다. 자꾸 개입하다 보면 아이들이 스스로 성장할 기회를 막는다. 천진한 아이들을 더 믿어야 한다. 오늘도 울고 다투는 아이들을 보며 적극적 방관자가 되는 방법을 생각한다.

오복이라 불리던 시절.

9.
아빠는 세균맨

특별한 일이 없다면 아이들을 9시 전에 재운다. 이 시간을 맞추려면 부부의 팀워크가 중요하다. 다섯 시에 두 아이를 하원시키고 씻긴 후, 저녁을 먹이고 놀아주다가 남은 집안일까지 부부는 톱니바퀴처럼 서로의 빈 곳을 채워줘야 한다. 한마디로 쉴 틈이 없다는 뜻이다.

첫째는 이제 유치원생이니 혼자서도 제법 밥을 잘 먹는다. 이건 큰 도움이 된다. 흘리는 양은 줄어들고 반찬 투정이 덜하니 대견하다. 문제는 둘째다. 이 작은 녀석은 귀여움 하나만 믿고 밥 먹을 때마다 행패를 부리기 일쑤다. 치즈가 없으면 밥을 안 먹고, 사소한 이유로 빈정 상하면 고양이가 앞발로 후리듯 식판을 손으로 쳐서 떨어뜨린다. 혼을 내려면 먼저 울어버리니 오호통재라.

이럴 때 내 역할이 빛을 발한다. 아양 전문이기 때문이다. 아내 인내심이 바닥난 것이 보이면 나는 서둘러 아들 곁에서 딸 옆으로 자릴 바꾼다. 고갤 돌리고 안 먹겠다며 농성하는 딸에게 갖은 애교를 다 떨다 보면 한두 가지 기술은 얻어걸린다. 딸이 웃기 시작하면 숟가락이 입으로 들어갈 준비는 끝. 일인극에 능한 아빠의 연기력을 한껏 끌어올리다 보면 식판은 순조롭게 비워진다. '내가 이 나이에 뭐 하는 짓이지?'라는 현실 자각도 사치다. 그저 빨리 재우고 쉴 시간을 확보하는 게 최선이다.

저녁 식시만 미쳐도 하루를 잘 보냈다는 안도감이 든다. 남은 시간 아이들과 잘 놀다가 잠만 재우면 되니 말이다. 그런데 아이들 이 닦기라는 마지막 관문이 있다. 이 단순한 일이 왜 그리 힘든지 경험해 보기 전에는 모른다. 여기저기 날다람쥐처럼 도망 다니는 아이들을 붙잡고 이를 닦아주려면 남은 체력을 쥐어짜야 한다. 아이들 스스로 이를 닦는 날이 오기는 할지, 자립하는 힘을 잃게 하는 것은 아닌지 걱정도 되지만 평일 밤은 나부터 살기 위해 이를 닦아준다. 이상은 멀고, 아빠는 늘 지쳐있다.

어떻게 아이들에게 이를 닦자고 잘 설득할 수 있을까? 처음에는 자기 전에 이를 닦지 않으면 이가 썩는다고 겁을 줬다. 하지만 그 효과는 길게 이어지지 않았다. 다음으론 우리 밖으로 탈출한 강아지를 잡듯, 구석으로 유인한 후 한 녀석씩 들어 올려 이를 닦아주기도 했다. 첫째는 상황을 재밌어하던 것도 잠시, 쉼 없이 투정을 부렸고, 둘째는 바둥거리며 저항하니 이 또한 옳은 방법은 아니었다.

방법을 찾아야 했다. 권모술수에 능한 아빠는 포기를 몰랐다. 우선 아이들의 경쟁심리를 자극하기로 했다.

"누가 먼저 아빠랑 이 닦을까아~?"

순간 괴성을 지르며 화장실까지 전속력으로 뛰어오는 아이들을 발견할 수 있었다. 짜식들. 다음으론 이 닦는 행위도 아빠와 놀기로 이미지 전환. 미리 치약 발라둔 칫솔은 아이들이 정신 차리기 전 입에 넣으며 내 연기력을 최대치로 끌어올린다.

나는 이미 아동극에 나오는 그 어떤 악당보다 연기를 잘할 준비가 되어 있다.

"응? 으응~? 이게 뭐야? 물결이 입에 왜 치약이 들어왔어? 물결이는 우리 세균맨이 이 닦기 싫어하는 거 몰라?"

아이는 입안의 치약 거품을 튀겨가며 꺄륵댄다.

"도대체 왜 이를 닦는 거야? 물결이는 우리 세균맨이 싫은 거야?"

아이는 '세균맨 싫어!'라며 내 연기에 몰입한다.

"우리 세균맨들하고 힘께하면 얼마나 좋은데·· 이도 썩고 입에서 똥 냄새도 날 수 있어~"

아이는 "똥 냄새 싫어!"라며 소릴 지른다. 아직 아이들을 웃길 때 똥과 방귀만큼 효과적인 단어를 찾지 못했다.

"아~안돼에! 물로 헹궈서 우릴 보내지 마~!!"

끝으로 입안을 헹군 후, 마무리까지 연기하면 아동극 '아빠는 세균맨'의 장막을 닫을 수 있게 된다. 관객은 이 닦는 일을 재밌어하고 또 해 달라며 성화다. 벌써 몇 개월이 지났는데도 이 연극을 원하는 관객이 둘이나 되는 것을 보면, 브로드웨이 진출도 고려해 볼만하다.

넛지 효과[Nudge Effect]라는 용어가 있다. 간략하게 설명하면 강요하지 않고 옆구리를 쿡 찔러 상대방의 올바른 선택을 유도한다는 뜻이다. 담배꽁초로 몸살을 앓는 골목에 화단을 설치했더니 무단투기가 줄어든 효과가 있었다는 사례도 이와 같은 맥락이다.

요즘 부쩍 자신의 논리를 앞세워 상대를 설득하려는 사람들을 자주 본다. 그들 대부분은 이성을 맹신하며 상대를 움직이려 드는데, 그게 설득의 효과적인 전략인지는 잘 모르겠다. 지켜본 바에 의하면 대체로 그 끝엔 상대와 언쟁을 벌인다거나, 평행선만 긋다가 서로를 포기하게 되는 경우가 많았기 때문이다.

상대를 설득할 수 없었다면 논리의 문제보다는 상대의 마음을 제대로 헤아리지 못했거나, 움직이지 못했을 가능성이 크다. 나와 다른 성장 배경과 지식을 가진 사람을 움직인다는 일은 그리 쉬운 일이 아니다. 나그네의 겉옷을 벗긴 것은 구름이 일으킨 강한 바람이 아니었다. 날을 따스하게 만들어 나그네 스스로 겉옷을 벗게 만든 해의 전략을 다시금 생각해 볼 필요가 있다. 우리는 지금보다 더 많이 감정 다루는 법을 배워야 한다.

이~.

II. 아빠는 미술 교사

10.
빛을 그리겠다며 그림자만 보고 있을 때

같은 부서에 있는 학폭 담당 교사가 요새 자주 아프다. 매일 아침 교문 앞에서 등교지도를 하다 보니 몸이 축난 것이다. 내색은 안 했지만 같은 일을 하는 나 역시 집에 가면 삭신이 쑤셨다. 그래도 아직은 살만한 걸 보니 믿을 건 달리기로 챙기고 있는 체력뿐이다.

내가 근무하는 학교의 교문은 차량 통행이 잦은 교차로에 있다. 요즘 내 하루 업무의 시작은 등교하는 아이들과 차들이

안전하게 지나갈 수 있도록 교문 앞을 지키는 일이다. 오랜만에 학생안전부에 들어와 몸으로 뛰는 일을 하다 보니 여러모로 어색한 일투성이다. 특히 생활지도 부분이 그런 편인데, 복장 불량을 잡는 일은 여간 고역이 아니다.

아이들이 등교하는 모습을 보면 참 다양한 방식으로 개성을 표출하고 있다는 걸 알게 된다. 제일 눈에 띄는 것은 부쩍 늘어난 장발의 남학생들이다. 뒷모습만 보면 여학생으로 착각할 만큼 머리가 길다. 가만히 있으면 죽을 것 같은 이 지독한 사춘기는 어떻게든 자기를 표현하게 만든다. 비싼 브랜드의 옷과 신발들, 파마와 염색한 머리, 세상과 소통을 거부하겠다는 듯 커다란 헤드폰, 래퍼처럼 얼굴을 반 이상 가린 후드와 목걸이.

학교엔 용의 복장 규정이란 것이 존재하다 보니 교사는 학생들이 교복을 잘 입도록 지도해야 한다. 하지만 나도 이 나이 때는 교복 입는 것이 싫었기에 아이들 마음을 모르는 것이 아니다. 학생 주임에게 걸리면 혼나는 것을 알면서도 머리까지 길렀으니 왜 모르겠는가. 돌이켜보니 반항심은 아니었다. 답답했던 시대상을 반영하듯 서태지는 이제 그런 가르침은 됐다고 외쳤지만, 나는 그저 촌스러운 교복과 짧은 머리가 창피했을 뿐이다.

 그랬던 내가 이젠 역할이 바뀌어 아이들 복장 지도를 하고 있다. 썩 내키지 않는 일이지만 어쩔 수 없다. 누군가 해야 한다면 내가 적임자라는 생각도 든다. 오늘도 조폭 차림으로 등교하는 한 아이를 붙잡고 잔소리를 했다. 엄하게 말했지만 웃으며 건성으로 대답하는 것을 보니 이 녀석은 내일도 자기 마음대로 옷을 입을 것 같다.

 왁자지껄한 한 무리의 아이들이 지나가고 잠시 등굣길이 조용해진 틈을 타 주변의 나무들을 바라봤다. 3월까지만 해도 날이 추워 나무들은 앙상했다. 그런데 어느새 나무들은 푸른 잎사귀를 두르고 있었다. 빛이 통과되어 투명하게 그 속을 드러내는 잎들엔 눈이 다 부셨다. 둔감해진 건지 매일 보는 풍경의 변화를 알아차리지 못했다. 아니면 내 역할에 너무 몰입해 아이들만 쳐다봤는지도 모르겠다.

 1970년대 초반, 스탠퍼드 대학에서 행해진 흥미로운 실험이 있었다. 평범한 대학생들을 대상으로 그룹을 나눠 교도관과 죄수로 역할을 분배한 후, 지하 실험실(감옥)에 가두고 그들의 행동을 관찰하는 실험이었다. 참가자들은 역할에 대한 그 어떤 지시도 받지 않았고 상황에 놓인 것이 전부였지만, 결과는 놀라웠다. 처음엔 장난스럽던 그들의 행동이 시간이 지날수록 역할에 매몰돼 실제 교도관과 죄수처럼 행동하게 되었다는 것이다.

지난 두 달간 칭찬을 위한 자리가 아닌 단속을 위한 자리에서 아이들을 바라봤다. 예전이라면 귀엽게 봐줄 수 있는 것들도 지적의 대상이 되곤 했다. 생각해 보니 나는 커다란 캔버스를 앞에 두고 빛을 그리려 했지만, 그림자만 묘사하고 있었다.

하루를 살펴보면 바쁘다는 핑계로 아이들의 보이지 않는 부분을 놓칠 때가 있다. 직업에 빠져 경험에만 의존하니 현상 이면을 외면하게 되는 것이다. 사실 아까 잔소리했던 녀석은 겉모습과는 달리 귀여운 구석이 많다. 자신의 덩치가 남들보다 월등히 크기에 자신에게 맞는 스타일을 찾아가는 중일 수도 있다. 매일 듣는 변명인 교복이 안 맞는다는 말도 반쯤은 사실일 것이다.

중학교에서 3년이란 짧은 기간에도 아이들은 여러 번의 계절을 겪는다. 내면에서 꽃이 피고 지고 앙상해졌다가도, 다시

기둥을 넓혀 이를 반복한다. 포기하고 싶던 말썽쟁이들도 어느 순간 훌쩍 커버린 모습을 보여줄 때면 내 안 어딘가에 있는 편협함을 탓하게 된다.

   과거와 지금 내 시선의 거리가 멀게 느껴질 때 좋은 어른이란 무엇일지 생각해 본다. 타성에 젖어 나 홀로 괜찮은 사람이라 믿는 것은 우스운 일이다. 다른 건 몰라도 아이들에게 꼰대라는 소리는 면해야 할 것 아닌가.

네발자전거 같은 균형감각.

11.
화가 많은 그대에게

독한 감기약 때문인지 조금은 몽롱한 아침, 같은 교무실을 쓰는 한 교사의 화난 목소리가 들린다. 그는 누군가와 통화를 하며 자신의 기분이 몹시 상했음을 상대방에게 표현하고 있었다. 다들 고개 숙이고 있지만, 귀는 소음의 발원지로 가 있는 것이 보인다. 긴 통화 끝에 수화기를 내려놓는 동작은 애써 태연했고 소리는 거칠었다.

맥락을 모르는 상황에서도 공기를 찔러대는 짧은 몇 마디로 분노의 이유를 짐작할 수 있었다. 그는 상대에게 자신이 무시 당했다고 여기며 분노를 표출한 것이다. 이 참을 수 없는 존재의 무거움을 어쩔 것인가.

　누구나 화를 낸다. 당연한 일이다. 불편한 감정은 가둬두는 것보다 적당한 표출이 오히려 정신건강에 이롭다고 전문가들은 말한다. 하지만 여기서 해석의 차이가 생긴다. 우리는 적당함을 모른다. 고추도 고추장에 찍어 먹어야 하는 한민족은 늘 화가 많다.

　그는 전화를 끊고도 분이 풀리지 않았는지 끊임없이 불만을 표시하며 자신이 화가 났음을 표현하고 있었다. 이럴 때는 곁에 있는 누군가 왜 그런 건지 물어보고 맞장구로 분노 진화 작업을 해줘야 한다. 그러나 안타깝게도 그런 사람은 곁에 없었다. 경험으로 그의 성향을 다들 알고 있는 것이다. 사람들은 행여나 불똥이 자신에게 될까 시선을 피하며 침묵으로 일관했다.

―――――――

　화(anger)를 한자로 쓰면 불(火)이다. 큰불은 가까이 있는 것들을 태워버린다는 속성 때문에 사람들을 두렵고 멀리하게 만든다. 또한 불은 쉽게 번진다. 어찌 불 대신 성난 사람을 대입해

봐도 비슷하지 않은가. 자기 자신을 전부 태워버려야 꺼진다는 것도 마찬가지다. 남는 것은 잿더미뿐이다.

내 지난 부끄러움 한 귀퉁이엔 화 anger가 들어앉아 있다. 돌아보니 20대 초반까지는 화가 참 많았다. 특히 무례한 사람들과 폭력적인 사람들에겐 격렬하게 반응하곤 했다. 그때는 분노가 나를 사람들과 멀어지게 만드는지 몰랐다. 그런 방식의 해결밖에 몰랐던 나 역시 누군가에겐 똑같은 사람일 뿐이었다. 존중을 받으려는 자가 타인을 배려하지 않는다는 것은 이치에 맞지 않았다.

십여 년 전 가수 임재범이 예능 방송에 출연해 화제가 된 적이 있었다. 그는 방송가에서 무수한 소문이 돌던 은둔 기인이었기에 그의 출연 결심은 놀라웠다. 가슴 아픈 가정사와 영웅담처럼 퍼진 그의 폭력성은 대중의 관심을 끌었지만, 방송에서 보인 날 것의 모습은 실망스러웠다. 의도적인 편집인지 모르겠으나 그는 쉽게 흥분하고 주변인에게 폭력적이었다. 얼마 지나지 않아 밝힐 수 없는 이유로 그는 방송에서 중도 하차하게 되었고 대중은 그런 그의 모습을 안타까워했다.

훗날 그는 한 방송에서 아내와 사별 후 지난 일들에 대해 말했다. 오랫동안 자신에게 실망했으며 화가 많았던 당시에 대해 진지하게 사과했다. 중간중간 주변인들을 배려하는 모습도 보였다. 사람들은 뛰어난 예술가가 돌아온 것을 환영했고, 그는 그 후 적지 않은 방송에 출연했다. 임재범이 변할 수 있던 이유를 짐작해 보았다. 그는 아내의 헌신에 늘 미안했다는 말을 자주 했으며, 자신을 향한 대중의 사랑을 알고 있었다. 결국엔 상처 입었던 야수를 성찰하게 만든 것은 애정이었을 것이다.

  우리는 늘 주변을 살피며 살아야 한다. 자연인처럼 홀로 살 것이 아니라면 그래야만 한다. 그렇지 못한 사람들은 결국 어디서든 외로워질 수밖에 없다. 자의든 타의든 자신과 다른 존재들과 어울려 살아야 하는 우리는 다름을 받아들여야 한다. 이를 위해선 상대에 관한 관심과 존중이 필요하다. 이 사소한 것들이 쌓이면 애정이란 것이 된다.

  인간이 다른 인간에게 애정을 보여주는 방법은 의외로 간단하다. 배려와 경청이면 충분하다. 그 어떤 관계에서든 자신이 상대에게 충분히 존중받고 있다는 느낌이 든다면 불필요한 충돌은 크게 줄어들 것이다. 물론 세상이 그리 말랑하고 쉽게 일반

화되지는 않는다. 서로가 이해하지 못할 때는 서로 다른 대로 내버려두고 살면 된다. 이 역시 존중의 한 모습이기 때문이다.

이 긴 잡설은 화가 많은 그대를 위한 것이었다. 누가 애정을 원치 않겠는가. 외로워지고 싶은 사람은 없다. 상처로 세상을 등질지라도, 결국 사람을 구원하는 것은 애정뿐이다.

───────────

선반 위에 놓인 주병酒甁이 보인다. 집과 일터에는 내가 만든 다기들과 주병들이 진열돼 있어 마음이 소란할 때 가만히 쳐다보곤 한다. 기물 대부분은 주로 물레를 차서 만들었는데, 물레의 원리와 흙의 속성이 오늘 이야기의 마무리로 제법 어울려 보인다.

1. 물레 원판의 한가운데 원기둥 형태의 흙을 붙인다.
2. 원기둥 형태로 판매되는 청자토는 겉으로는 매끈해 보이지만, 속의 흙 입자는 무질서하다.
3. 이 상태로 기물을 만들면 흙이 말을 안 들어 형태가 쉽게 어그러진다.

4. 흙을 양손으로 감싸 쥐고 회전을 이용해 가운데로 몰며 흙 입자들이 질서를 찾을 때까지 흙의 덩어리를 내렸다 올리기를 반복한다.
5. 물레의 회전 시 흙과 손이 만나며 일어나는 마찰력을 줄이기 위해 적당량의 물을 묻혀야 한다.
6. 흙이 부드러워지면 어떤 기물을 만들고 싶건, 속이 빈 원통의 형태를 만든 후 넘어간다.

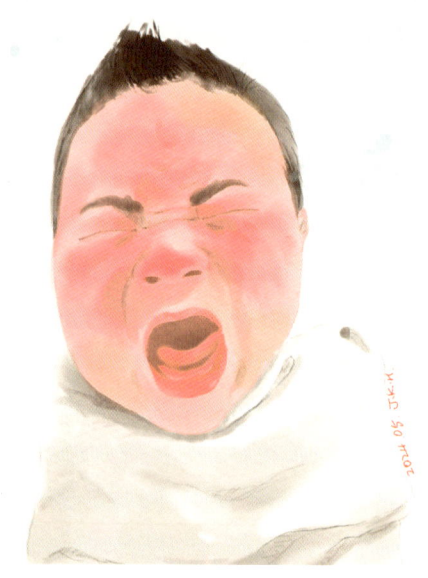

쪽쪽이의 말랑함이 우는 아기를 달랜다.

12.
당신 참 한가하군요?

"요즘 왜 이리 표정이 안 좋아요?"

 벌써 두 달 동안 세 번째 듣는 말이다. 나도 모르게 굳은 표정으로 지내는지 동료들이 한 번씩 물어본다. 무표정하게 있으면 화나 보인다는 얘기도 가끔 듣는 나인지라 입가엔 미소라도 띄려 노력하는데, 요즘 그게 잘 안됐나 보다.

 꽤 한가하고 평화롭다. 내 글을 읽고 난 후의 감상이 그렇다.

평소에도 수정을 위해 시간 간격을 두고 읽어보지만, 오늘은 무언가 다르게 읽힌다. 심지어 다른 사람의 이야기처럼 느껴진다. 내 일상과 생각의 어두움이 전혀 보이질 않고 글로 묘사되는 내가 낯설기까지 하다.

 짜증스럽다. 갑자기 평소 쓰던 글의 방향을 바꿔 내심 꼴 보기 싫던 주변인들과 부조리한 모든 것들을 신랄하게 비판하고 싶은 마음이 든다. 남의 가슴에 대못 박기라면 누구보다 잘할 수 있을 텐데. 이 기분이라면 한도 끝도 없이 비뚤어질 수 있을 것만 같다. 뭐가 어려울까. 아무도 말하지 않는 사실을 말하고 부정적 예측을 더하면 된다. 오직 부정에만 집중하는 것이다.

 요즘 일터에서 느끼는 감정의 그늘이 내 표정까지 드리웠나 보다. 피곤하게 이어지는 생각도 멈출 겸 어느 작가의 글을 읽었다. 유려한 글이었다. 그는 자신이 생각하는 좋은 글의 요건을 설명했다. 그중 작가의 내면을 드러내는 솔직함과 날이 선 비판 정신에 사람들 마음이 움직인다는 말이 눈에 들어왔다.

 그가 생각하는 좋은 글의 요건에 내 글은 부합되지 않았다. 나는 비판 정신이 부족했고, 한 개인의 한갓진 일상들만 기록

하고 있었다. 더하여 일부가 전체인 것처럼 현실을 포장했으니 기만적이었다. 지금부터라도 내 고통에 충실해야 할까.

모두가 떠날 날짜만 손꼽으며 존경은 사라진 공동체. 아이들은 늘 천사 같지는 않으며, 부모의 희생 없이는 불가능한 육아. 다친 어깨조차 꾸준히 치료하기 힘든 빡빡한 일상. 익숙해진 혐오와 차별.

한숨이 나온다. 나는 세상을 마냥 밝게만 보는 사람이 아니다. 조용한 교무실이 싫은 건지 자리 건너에 있는 여교사가 말을 건넸다.

"선생님은 할 게 많은 것 같아서 부러워요. 저는 그냥 교사 그만두고 미용 배우고 싶어요. 그기 하고 살면 헹복힐 덴데…."

"그런가…. 그러면 저부터 그만두고 어떤지 알려드릴까요?"

말은 그리했지만, 서로가 알고 있듯 삶은 그리 녹록지 않다. 방송에선 일반인과 유명인 모두 고통을 말한다. 무지한 우리는 전문가의 해결책에 열광하고, 유튜브로 먹고 마시는 방송을 보며 일상의 고단함을 잊는다. 하루하루를 그저 지우며 사는 것이다. '모두가 비슷하게 사는데 내가 뭐라고…'라며 말이다.

 부정은 삶을 망치는 쉬운 방법이니 잊거나 외면하는 것도 좋은 방어기제라 볼 수 있다. 자아가 늘 올바른 신호만 보내는 것은 아니기 때문이다. 하지만 잊는 것이 힘든 나는 외면도 잘 못한다. 그저 꾸역꾸역 현실을 살아간다. 지난 출간작 《일상으로의 초대전》에서 '삶이란 슬픔과 기쁨의 평균값을 맞춰가는 일'이라고 정의한 적이 있다. 어떻게 고苦로 가득 찬 세상에서 얼마 안 되는 기쁨으로 평균을 맞출 수 있을까.

 돌이켜 보면 내 행복은 그리 거창한 것이 아니었다. 스쳐 가는 순간도 소중히 여겼을 때, 그 알아차림을 음미하며 현재를 살 수 있었을 때가 행복했다. 그러나 생업의 고단함에 빠져 스스로 정한 삶의 원칙을 잊을 때도 있었다. 그러니 요즘 내 표정이 그리 어두웠던 것이다.

 한밤중 다시 자판을 누르며 기억에서 휘발되기 쉬운 순간들을 글로 남긴다. 일상을 복기하며 고여있던 감정의 농도를 맛본다. 이름 없던 장면엔 제목이 붙여진다. 감정이 덧칠돼 모호했던 순간은 본래의 색상을 드러내며 내 어두운 밤을 밝힌다.

한 소설가가 인터뷰에서 이런 말을 했다. "나는 문학이 인간을 구원하고, 영혼을 인도한다고 하는 개소리를 하는 놈들은 다 죽어야 한다고 생각한다."

그는 실존의 고달픔을 말했을 것이다. 진실로 먹고살기에 바쁜데 무슨 한가한 소리냐는 말로 이해했다. 하지만 그의 말에 전적으로 동의할 수 없다. 글 쓰며 구원받는 사람이 있다. 지금의 나를 구하는 것은 이 안에 있다. 나는 계속 한가하게 희망을 말해야 한다.

말 좀 잘 들어라.

13.
시작하는 예술가에게

졸업한 제자가 찾아왔다. 녀석은 중학교 졸업 후 고등학생 시절에도 매년 찾아와 자신의 근황을 전했다. 미술이 좋았던 건지 내가 좋았던 건지는 알 수 없으나, 덩치에 안 맞게 늘 살가웠다. 이번엔 입대 후 정기 휴가라서 찾아왔다고 말했다. 하루 한 시간이 아쉬운 휴가 때 굳이 학교에 찾아오는 녀석이 신기했지만, 표정은 여전히 밝았다.

―――――――

고등학교 3학년이 되자 녀석은 학교로 찾아와 진로에 대한 고민을 털어놓았다. 미술을 하고 싶은데 괜찮을지 모르겠다는 고민이었다. 공부에는 관심 없어도 감각적인 아이들이 미술을 선택하려 들 때가 있다. 미대생을 떠올리면 멋져 보이니 대충 쉬워 보이는 길로 가려는 것이다. 실상은 성적과 실기 두 마리 토끼를 다 잡아야 하며, 높은 경쟁률에 장수생이 넘친다는 사실을 아이들은 모른다. 보통 이 사실을 설명해 주면, 절반 이상은 성급했던 선택만큼이나 쉽게 포기한다.

그러나 녀석은 진중했다. 자신이 갈 수 있는 학교와 학과를 알아보며 준비하고 있었다. 이미 생각이 굳어 보여 부정적인 말은 하지 않았으나, 넌지시 취미는 취미로 남겨두는 것도 좋다는 말을 해줬다. 기대와는 달리 좋아하던 일이 생업이 되면 괴로움이 될 수 있기 때문이었다. 녀석은 더 생각해 보겠다고 말했지만, 결국 자신이 원하던 학교의 사진학과로 진학했다. 어떻게 예술이 아이 가슴에 스며들었는지 모르겠으나 또 한 명의 예비 작가 탄생에 진심을 담아 축하해 줬다.

오랜만에 마주한 녀석은 군대가 체질인지 커진 덩치만큼이나 제법 의젓했다. 근황을 물어보자 쉬는 시간엔 책을 읽고 작업 노트를 만들고 있다고 말했다. 평소 자신이 촬영한 사진들을 보여주며 작업 의도를 설명하는 녀석의 표정엔 칭찬에 대한 기대와 쑥스러움이 함께 했다. 문득 내 지난 대학 시절의 모습들이 보였다. 그 시절의 나도 이랬겠지만, 이 아이처럼 귀엽진 않았다.

자신의 이해보다 높은 수준의 용어를 사용하고, 현역 작가 못지않은 진지한 고민을 듣다 보니 절로 미소가 지어졌다. 검게 그을린 녀석의 얼굴은 환히 빛났는데, 가만히 지켜보니 그 빛의 정체는 열정이었다. 시작하는 예술가만이 뿜어낼 수 있는 순수한 열정.

칭찬을 아끼지 않았다. 내 지난 경험을 나누고 작업을 격려했다. 지도교수 험담엔 맞장구를 쳐주고, 아직 녀석이 이해할 수 없는 수업은 그 의미를 알려줬다. 내게 시선을 떼지 않고 한마디라도 더 들으려는 모습이 대견했다. 나를 크게 보는 듯한 녀석에게 말했다. 나는 작업으로 성공한 사람이 아니라고. 하지만 너에겐 좋은 앞날이 기다리고 있으니 열심히 하라는 응원으로 이번 만남을 마무리했다.

대학생 시절, 입대 전까진 전공 교수님의 과제 비평에 대비하는 일이 고역이었다. 아이디어만 그럴싸했고 수업에는 성실하지 못했던 나는, 그 간극을 말로 때우려니 고달팠다. 교수님들은 노력의 중요성을 강조하셨다. 하지만 헛바람이 가득 찼던 나는 외려 술자리에서 예술을 퍼마시고 작업으로 해장한다고 여겼다.

그런 와중에도 유독 내 작업을 칭찬해 주시던 교수님이 계셨다. 너는 작업 아이디어가 좋고 어떻게든 눈에 띄는 마무리를 해서 기대된다는 말씀을 자주 해주셨다. 이분을 떠올리면 내 졸업 전시 날이 기억난다. 오픈 당일의 나는 전날의 작품 설치로 긴장과 피곤이 쌓여있었다. 괜히 3미터나 되는 커다란 작품을 만들어 이동 및 설치에 진을 뺐다. 다행히 파손 없이 무사히 설치를 마쳤지만, 예민해진 나는 오픈이고 뭐고 자리에서 빨리 벗어나고 싶었다.

졸업생들 사이에서 멀뚱히 서 있는데 저 멀리 나를 보며 환하게 웃으시는 교수님이 보였다. 교수님은 전시 도록을 크게 펼친 채 내게 걸어오셨다. 다가올수록 내 작업 소개 페이지를 펼치고 계심을 알 수 있었다. 그분의 미소를 마주하는 순간, 내 얼굴에선 긴장이 풀리고 웃음이 나왔다. 내 어깨를 두드리며 해주셨던 그분의 말씀이 아직도 기억나는 것은, 시작하는 예술가를 위한 진심 어린 응원 때문이었다.

"광현아~ 네 작업 이미지가 제일 잘 나왔다. 수고 많았고 전시 축하한다."

넌 무엇을 보고 어떤 것을 마음에 담았니?

14.
내 사랑은 남쪽 바람을 타고 달려요

 학교에서 아이들과 지내면 그들 사이 어떤 것이 유행하는지 자연스레 알게 된다. 주로 쉴 새 없이 재잘대는 녀석들의 대화를 통해 데이터가 쌓이는데, 수집된 정보는 수업 분위기를 재밌게 만들어야 할 때 활용되기도 한다. 아이들 귀를 붙잡아둘 수 있는 이보다 쉬운 방법이 없으니 잘 모르는 것은 공부하듯 찾아본다. 제대로 알지 못한 채 말을 꺼내면 역풍을 맞는다.

 쉬는 시간 핸드폰을 보며 노래를 흥얼거리는 한 아이를 보았

다. 무엇에 그리 흐뭇한 표정이 나오나 쳐다봤더니 일본어로 노래하는 여가수를 보고 있었다. 요즘 인기 있는 일본 아이돌이 있었나 의아해하는 사이 눈치 빠른 녀석은 뉴진스 하니의 일본 공연 모습이라며 설명해 줬다. 아, 뉴진스.

우리나라 대중 예술이 일본에서도 인기 많다는 사실이 당연한 시대를 살고 있다. 한때 일본은 아시아에서 가장 앞서가는 문화 강국이었다. 특히 아이돌 문화는 독보적이었는데, 예전 우리나라의 몇몇 기획사에선 일본을 따라잡고자 대놓고 그들을 모방하기도 했다. 시간이 흘러 이젠 K컬처가 세계 문화의 중심부에 우뚝 섰으니, 격세지감을 느낀다.

아이 어깨 너머에서 작은 화면 속 공연을 보았다. 여름 바다가 연상되는 마린룩에 짧은 단발을 한 하니는 애교 섞인 미소로 일본 도쿄돔의 관객들과 내 제자 한 명의 마음을 녹이고 있었다. 하니가 부르던 노래는 일본의 경제성장이 절정에 달할 시기의 대표적 아이돌이었던 마츠다 세이코의 〈푸른 산호초〉였다. 자릴 벗어나서도 중독성 있는 도입부를 머릿속에서 끌어내질 못해 유튜브를 켜봤다.

유행을 반영하듯 인터넷 공간엔 마츠다 세이코의 다양한 공연 영상이 올라와 있었다. 단발 펌헤어와 덧니가 매력적인 그녀는 학창 시절 첫사랑 같은 풋풋함이 있었다. 뒤늦게 알게 된 그녀의 인생은 그리 순탄치 못했으나, 전성기의 모습은 행복해 보여 애잔함도 느껴졌다. 알고리즘을 따라 하니가 일본에서 큰 반향을 일으킨 이유에 관한 뉴스를 보았다. 진행자는 일본인들은 한국의 아이돌이 부른 〈푸른 산호초〉를 통해 자신들의 가장 좋았던 시절을 추억할 수 있었기 때문이라며 분석했다.

설득력 있었다. 예전 MBC의 한 예능프로그램에서 90년대 유명 가수들을 소환해 만든 콘서트에 대중이 열광했던 이유와 다르지 않았다. 공연에선 유독 삼사십 대 관객들의 모습이 주로 잡혔었다. 그 시대의 음악을 가장 많이 소비했던 세대가 그들이었기 때문일 것이다. 사랑했던 가수들에게 환호하는 관객들은 자신의 좋았던 시절을 음악으로 되감고 있었다. 감정은 기억과 연결돼 있다. 뇌과학자들은 감정 중추가 기억 중추인 해마와 붙어있어 사람들은 즐거웠을 때를 잘 기억한다고 말한다.

장마라지만 내가 사는 지역은 내린 비보다 내리지 못한 비가 더 많다. 어항 속을 걷는 듯한 요즘 날씨엔 음악에 기대고 싶어진다. 눅눅해진 추억도 음악과 함께라면 뽀송하게 건조되기도 한다. 노래엔 분명 추억을 부르는 힘이 있다. 출근길에 옛 음악들을 재생해 센티해지고 싶은 마음을 부추겼다.

    퇴근길엔 비가 내렸다. 빗방울을 닦아내는 와이퍼가 페이지 넘기듯 빠르게 상념을 넘겼다. 내 시선은 도로를 향해있어도 귀가 추억하는 눈길은 과거로 가 있었다. 못다 한 이야기들이 생각났다. 차 안에서 퍼지는 모든 노래들이 올여름 떠나야 할 여행지로 남쪽 섬을 가리켰다. 음악이 그렇게, 남쪽 바람처럼 나를 흔들었다.

    아~ 내 사랑은 남쪽 바람을 타고 달릴 거예요.
    아~ 푸른 바람을 가르고 달려줘요. 그 섬으로.

마츠다 세이코 〈푸른 산호초〉 중

바람 불어 좋은 날에.

15.
나를 지워가는 일

"광현쌤, 이번 주 금요일에 시간 돼요?"

"죄송합니다. 미리 말해주시지, 애들 때문에요."

———————

모임을 좋아하는 사람들이 있다. 사람을 좋아하는 그들이기에 다양한 이유로 자리를 만든다. 불참이 잦은 내게도 강한 권유가 들어올 때가 있는데, 어쩔 수 없을 땐 미리 처가에 도움을 청하고 참여하기도 한다. 이번엔 전체 회식도 아닌 타 부서 회식이라 어렵지 않게 거절했다. 소고기를 배 터지게 제공하겠다는 유혹에도 흔들리지 않았다. 뒤돌아선 침만 조금 흘렸을 뿐, 정중히 사양했다.

   점심 식사 후 대여섯 명이 모여 커피를 마셨다. 연초를 태우던 선배 한 분이 새삼스레 날 신기하게 바라보았다.

"광현 씨 가정적인 거 보면 참 대단해."

   멍하니 포만감을 즐기다 영문 모를 칭찬에 어리둥절한 사이 그는 말을 이어갔다. 젊은 시절엔 일한다는 핑계로, 관계 때문에 어쩔 수 없다는 이유로 늦은 귀가가 잦았다며 웃었다. 물론 늘 술에 취해 들어갔으니, 아내와 참 많이도 싸웠다고 했다. 가끔 아이들 어린 적 사진을 보며 함께 시간을 더 많이 보내지 못한 것이 후회된다는 그의 표정은 웃음보다는 담배 연기와 어울렸다. 다른 사람들도 공감 능력이 최고조에 이르렀는지 자신의 과거를 하나둘 털어놓았다.

   아내와는 즐겁게 이야기하던 아이들이 자신만 오면 입을 다문다든지, 이젠 자식들과 사는 이야길 나누고 싶어도 길게 끌고 나갈 수 없다는 말 모두 익히 알고 있던 이야기였다. 다만 흔히 볼 수 있는 아버지들의 자화상이 슬픔을 자아낸 것은 그들 이야기 기저에서 느껴진 후회 때문이었다. 그나마 집에 가면 자신을 반기는 반려동물이 있어서 다행이라는 분의 말엔 모두가 웃었다. 집단 고백의 현장에서 이물감을 주는 존재는 그저 가만히 앉아 커피 얼음만 입안 체온으로 녹였다.

사람을 좋아하던 때가 있었다. 그러나 떠들썩한 자리 후 집으로 돌아오는 길은 늘 고독했다. 사람들에게 내 속에 머물던 것들을 한참이나 쏟아내고 나면, 텅 비어버린 내면은 금세 초라하게 느껴졌다. 좋은 사람, 도움 되는 사람이 되고 싶다는 이유로 숱한 시간을 엎지른 소주처럼 술자리로 흘려버렸다. 에고라는 녀석은 술에 취한 코끼리처럼 나를 휘둘러댔고 부끄러운 난 늘 어디론가 도망갈 궁리만 했다.

인간은 누구나 두 가지 상반된 욕망을 갖고 살아간다. 살고자 하는 리비도적 욕망도 강하지만, 무로 돌아가고 싶은 타나토스적 욕망도 그림자처럼 우릴 따라다닌다. 나는 에고를 지우지 못해 괴로웠고, 갈지자걸음은 늘 위태로웠다. 그러던 내가 결혼 후 자녀가 생기며 깨닫게 된 것이 있었다. 육아는 가장 아름다운 방식의 나를 지워가는 일이었다.

　모든 것이 아이들 위주가 된 삶을 살고 있어도 그 또한 기쁨이었다. 관계에 더는 시달리지 않고 작업에 목말라하지 않으며, 그저 현생을 사는 일이 좋았다. 나와 아내를 닮은 아이들이 자라는 것을 곁에서 지켜주고 도와주는 일이야말로 내가 원하던 일이었다. 내 위치와 역할을 이토록 분명하게 깨달은 적이 없었다. 내겐 아버지란 이름의 그림자이자 결핍을 해결할 기회가 온 것이다.

　미해결 과제를 풀어나가는 나는 지금, 여기에 살고 있다. 진실로 나를 원하는 사람들은 집에서 기다리고 있다. 밖이 아니다.

HOME.

16.
낙하의 속도

위치 에너지의 정의는 이렇다. 기준면에 대해 높이를 가진 모든 물체가 갖고 있는 에너지. 높은 곳에 올라갈수록 낙하의 충격은 크다. 사람들의 관심을 많이 받는 위치에 올라가 있는 이들이 겪는 사건을 볼 때마다 문득 떠오르는 개념이다.

어쩔 수 없이 연예인 소식을 자주 접하며 산다. 세상의 소비는 생필품에 한정된 것이 아니라서 사람들은 유명인들의 온갖 사생활도 구매한다. 그 구매 내역은 밥상 위, 학교, 직장에서 가벼운 대화용으로 스낵처럼 소비된다. 조회수만으로도 돈이 되는 세상에 살고 있다 보니 언론사는 자극적인 제목과 선정적인 내용에 사활을 건다.

　재작년 일이다. 많은 언론사에서 한 어린 배우의 음주 운전과 태도를 놓고 연일 기사를 쏟아냈던 것을 기억한다. 음주 운전은 인명과 관련된 중대 범죄이기에 그의 잘못은 언론이 비판하기 쉬웠다. 인플루언서들 역시 여론몰이에 나섰고 대중들의 반응도 크게 다르지 않았다. 우리는 모두 그보다 도덕적 우위에 있는 것처럼 보였다. 안타깝게 그 배우가 며칠 전 유명을 달리했다. 미안함 때문일까. 언론은 이제 그의 죽음을 책임져야 할 대상을 찾아내 매일 대서특필로 보도하는 중이다. 사람들은 다시 자극적인 기사를 클릭하며 언론사에 힘을 보태고 있다.

　분명 이들은 대중의 사랑을 받았고 하늘 높이 떠 있던 별이었다. 그런 그들의 추락을 보며, 나는 사람의 마음이 극단적으로 뒤집힐 수 있다는 사실을 상기한다. 나 역시, 비록 작은 범위였지만 비슷한 경험을 한 적이 있다. 사람들의 사랑은 때로는 증오와 뒤섞이기도 한다는 것을 교사가 되고 나서야 알 수 있었다.

교직 초창기엔 여중, 여고에서 여학생들을 가르쳤다. 돌이켜 보면 참 좋은 시절이었다. 젊은 교사란 이유만으로 학생들의 사랑을 받았으니 말이다. 그러나 학생들의 과한 애정 표현에 곤혹스러울 때도 많았다. 쉬는 시간마다 찾아오는 아이들 때문에 생긴 교무실의 소란이 미안했고, 과한 스킨십에는 감정이 상하지 않게 주의 주는 방법도 고민해야 했으며, 몰래 집 근처까지 쫓아오는 아이들을 피해 골목을 돌아다녀야 하기도 했다.

내 책상엔 아이들이 몰래 두고 간 간식과 편지가 늘어갔다. 점점 선을 넘는 아이들의 행동을 걱정하는 교사들도 생겼다. 적절한 거리를 두려 해도 몇몇은 중학생답게 막무가내였다. 더 좋은 해설책을 찾지 못한 나는 한 아이를 엄하게 혼냈는데, 이게 화근이었다. 이 일로 앙심을 품게 된 그 아이가 SNS상에서 근거 없는 내 험담과 이상하게 찍힌 내 사진을 꽤 긴 시간 동안 공유했기 때문이다.

내가 알 수 없는 장소에서 나를 욕하고 이에 동조하는 아이들을 보니 식은땀이 났다. 심장은 두근거리고 분노와 실망의 감정이 며칠간 지속됐다. 분명 이 아이들은 얼마 전까지 나를 보며 밝게 웃고 인사하던 아이들이었다. 고민 끝에 모르는 척 지내기로 했다. 그리고 그 아이들을 평소와 다르지 않게 대해 주었다. 복도에서 어색한 표정으로 지나치는 아이들에게 먼저 인사를 하고, 수업 중엔 먼저 다가가서 자세히 설명을 해줬다. 그렇게 몇 주가 지나자 주동자였던 아이가 먼저 무너졌다.

어느 날 홀로 나를 찾아온 그 아이는 죄책감을 느꼈는지 울면서 사과했다. 나는 짐짓 아무것도 몰랐던 척 '그런 일이 있었구나, 선생님 때문에 네가 매우 속상했구나.'라며 당시 상황을 설명해 주고 아이를 달래줬다. 다시 그 아이들은 전과 같이 나를 따랐다. 그러나 내 마음은 전과 같을 수 없었다. 아이들은 무사히 졸업했고, 그 사건 이후 더 이상 나는 여학교에 지원하지 않았다. 물론 이는 내 너절한 사적 경험일 뿐, 위의 사례와는 분명 다르다. 그럼에도 언론의 이런 행태를 볼 때마다 내 과거가 떠오른 이유는 나를 향해 쏟아진 그 형체 없던 증오심을 지금까지 기억하기 때문이다.

요즘 분노, 증오, 혐오 등 이름만 다른 시커먼 감정의 덩어리를 생각하는 일이 많아졌다. 공적 처벌로는 부족한 건지 사적

제재까지 더하려 혈안인 사람들이 부쩍 늘어난 것 같다. 자신이 유명해지면 그만큼 힘이 생긴다고 믿는 것인지 잠시의 유명세에 도취 돼 망동하는 사람들도 보인다. 그들은 정말 모르는 것일까. 유명세라는 높은 위치는 달콤하겠지만, 낙하의 충격은 치명적이다. 그 위치를 지탱할 힘이 없는 나같이 평범한 인간은 그저 두려워할 뿐이다.

별을 그리는 아이.

17.
전원이 꺼진 아이들

 학교에 예술 강사를 초빙했다. 나는 지난 몇 년간 3학년을 대상으로 영상 제작 수업을 진행했는데, 아이들의 반응이 좋았다. 이를 좋게 본 지역 미술관의 제안이 있었다. 학교에 영상 작가를 지원해 줄 테니 수업 동안 만들어진 결과물 전시를 함께 하자는 기획이었다. 이것저것 생각하니 번거롭겠다는 생각이 스쳐갔으나, 나쁜 제안은 아니었다. 또 전문가는 나와 얼마나 다를지 궁금하기도 했으니 좋은 기회였다.

 공문 접수 후 방학 중 강사와 담당자를 만나 계획을 세웠다. 학기가 시작되고 교문에 수업을 홍보하는 현수막과 배너를 설치하니 아이들이 호기심을 보였다. 기다리던 외부 강사의 첫 수업이 시작되자 박수로 맞이하며 뜨거운 반응을 보였다. 강사는 준비한 것이 많았고, 자기 작업에 자신감이 있었다.

자리에 앉아 친절한 그의 수업을 따라가다 보니 이십 분이 지나 있었다. 문득 아이들 반응이 궁금해 주변을 둘러보니 곳곳에 고갤 숙인 잘 익은 벼들이 보였다. 이 녀석들은 이십 분 이상 가만히 앉아 있으면 자동으로 전원이 꺼지는 체질인데, 강사는 이런 상황을 예상하지 못했는지 당황스러움에 얼굴이 붉게 물들었다. 예의가 아닌 것 같아 졸고 있는 아이들을 깨웠다. 하지만 이미 녀석들은 열반에 이르기 직전이었다. 수업이 진행되는 동안 상모 돌리듯 머리 돌리는 아이들을 나와 보조 강사는 깨우기에 바빴다. 학습된 무기력은 이렇다.

강사는 영상 작가답게 전문가의 면모를 보였다. 내용은 풍부했고, 경험과 지식을 잘 녹여낸 수업을 준비했다. 다만 그는 아직 아이들을 몰랐다. 수업을 준비하며 내 지식을 잘 전달하기만 하면 된다고 생각했을 것이다. 이 지점에서 교육자와 전문가의 차이가 생긴다. 전문가는 자신이 아는 내용을 정리할 때, 교육자는 교수 학습법까지 고민하기 때문이다. 즉, 학습자의 연령과 관심사까지 세심하게 고려해야 동기 부여되는 좋은 수업이 만들어진다는 뜻이다. 그런데 모든 교육자가 말처럼 그리 쉽게 수업을 잘할까? 아니다. 우선 나부터 실패하는 수업이 많다. 흥미를 끌 만한 자료를 준비했지만, 이십 분의 문턱에서 여러 아이를 꿈나라로 보낸 경험이 있다. 그리고 내 아들 한 명 가르치는 일조차 버거운 게 사실이다.

며칠 전 아내와 첫째의 한글 공부에 대한 이야길 나눴다. 유치원에서 기대보다 한글 공부를 적게 시키는 듯하여 걱정된다는 게 골자였다. 다섯 살 아이의 공부를 벌써 걱정하기 시작하면 한도 끝도 없다며 내가 틈날 때마다 가르치겠다고 아내를 안심시켰다. 나는 교육에 특화된 사람 아닌가. 아이에게 한글 가르치는 것은 일도 아니라고 생각했다.

기다리던 주말이 왔다. 아들을 무릎 위에 앉혀놓고 재밌는 한글 놀이를 해보자며 말을 꺼냈다. 아니나 다를까 아들은 한글 놀이는 싫고 아빠랑 악당 놀이를 하고 싶다며 거부했다. 여기서 필요한 동기 부여는 보상. 나는 아들이 요즘 갖고 싶어 하는 장난감을 알고 있지만, 최후의 수단으로 남겨놓고 한글을 배웠을 때의 장점에 관해 설명했다. 좋아하는 동화책을 혼자서 볼 수 있고, 그토록 사랑하는 전단지까지도 읽을 수 있다고 말해줬다.(아들은 중국집 전단지를 사랑한다.) 그러나 눈치 빠른 아들은 한글 공부(난 놀이라고 했지만, 아들은 공부라고 받아들였다.)를 하면 장난감을 사줄 거냐며 내 말은 무시한 채 기대에 가득 찬 눈빛만 보냈다.

평소 원하는 것을 얻으려면 늘 그에 걸맞은 노력이 필요하다고 말했다. 아직 아이에게 경제관념을 심어주긴 어렵지만 장난감을 사는 데는 돈이 필요하고, 그 돈을 벌려면 엄마 아빠의 노력이 들어간다는 사실을 알려줬다. 그러다 보니 자기가 하기 싫은 것을 한다면 자연스럽게 물질적인 보상이 있겠다고 생각하게 된 아들이다. 아들은 배움의 기쁨을 채 알기도 전에 물질적 보상을 바라게 됐다. 내 잘못이다.

배움의 본질은 무엇일까. 원한다면 대학은 누구든지 갈 수 있는 세상에서 공부는 더는 의미가 없는 것일까? AI가 대신 자기소개서를 써주고 휴대폰 어플로 실시간 외국어 대화가 가능해진 지금, 많은 아이는 공부의 의미를 깨닫지 못한 채 몸집만

키워간다. 그들에게 지식은 그저 검색하는 것이며, 도파민을 분비시켜 줄 다양한 거리들이 스마트폰에 있으니 재미없는 것은 손가락으로 화면을 스킵하듯이 넘어가면 된다고 여길지도 모른다.

어수선했던 첫 주가 지나고 예술 강사의 두 번째 수업이 진행됐다. 가만히 지켜보니 수업의 변화가 느껴졌다. 강사는 대화의 눈높이를 낮추고 활동을 유도하는 수업을 만들어왔다. 그리고 미술관에 전시될 작업의 모습을 언급하며 동기를 부여했다. 무기력했던 아이들도 제법 그룹 활동에 참여하려는 모습에 다시 이 수업의 끝을 기대할 수 있었다. 나는 오랜만에 관찰자로 수업에 참여하며 내 부족한 부분을 보았다. 한 번 지켜본 것만으로 강의의 재치 있는 부분을 타 학년 수업에 활용했으니 공부가 됐다. 역시 좋은 기회만 제공된다면 모두가 성장할 수 있다.

배움의 가장 큰 목적은 자기 삶을 온전히 자신의 의지로 살기 위함일 것이다. 그렇게 꾸준히 배워 지식이 체화된 사람을 지혜롭다고 한다. 지식을 자기 삶에 녹여내려면 당연하게도 그 무게에 걸맞은 인내와 노력이 필요하다. 어린 날 그 당연한 노력의 의미를 몰라 헤맸던 아빠는, 오늘도 아들에게 아빠의 생각을 전달하려 애를 쓴다. 어쩔 수 없이 아들이 원하는 장난감은 사주고 말이다. 배움도, 가르침도 그 어느 하나 쉬운 게 없다.

로그아웃하셨습니다.

18.
우리 아이가 담배를 피운 게 맞나요?

 교무실로 한 통의 항의 전화가 왔다. 학교 인근 부동산 중개사가 학생들의 흡연을 신고한 것인데, 자신이 관리하는 건물 주차장에서 시도 때도 없이 아이들이 담배를 피운다며 강하게 항의했다. 내겐 익숙한 장면이라도, 학교 사정을 모르는 사람이라면 화가 날 법했다.

 보통 담배를 피우는 아이들은 자신들만의 흡연 장소를 정해놓고 친구끼리 공유한다. 공원, 코인노래방, 지하 주차장이 대표적인데, 현장에서 성인이란 이유로 아이들을 훈계했다간 큰일이 나기도 한다. 이미 선을 넘은 아이들은 다른 선을 넘는 것

따위는 우습기 때문이다. 언제부터인가 촉법소년과 미성년자라는 말은 이 아이들의 든든한 보험이 됐다.

 방과 후 현장에 찾아가 신고자에게 사과했다. 제대로 못 가르친 교사의 잘못이다. 흡연 장소를 사진으로 남기고 차후 예방을 약속했다. 다음 날 교내 방송으로 아이들에게 흡연하면 안 된다는 교육을 했지만, 내심으론 효과를 기대하기 어려웠다. 이런 방송 몇 번으로 아이들에게 그 어떤 변화를 일으킬 수 있을까. 교사의 책임과 무력함의 갈등 탓에 아무것도 하기 싫을 때가 많아진 요즘이다.

 일주일도 채 지나지 않아 나시 교내 흡연 신고가 늘어왔다. 아이들이 화장실에서 담배를 피운다는 제보에 가슴이 철렁했다. 아직 중학생이라 학교 화장실에서 담배를 피우는 일은 드문데, 새롭게 들어온 아이들의 말썽이 많아졌다. 적발된 여러 아이를 앉혀놓고 진술서를 쓰게 했다. 자기 잘못을 글로 쓰는데도 장난스러운 아이들 표정을 보니 이런 상황이 익숙한 듯했다. 이럴 때는 화를 내는 일도 무용하다. 화를 참고 규정대로

처리했지만, 오히려 교육에서 멀어지고 있는 듯한 자괴감을 떨쳐내기가 더 힘들었다.

압수된 담배는 일반 연초부터 본 적도 없는 전자 담배들이었다. 이를 학부모들에게 돌려주기 위해 가정으로 사실을 알렸다. 대체로 자식의 흡연이 새롭지는 않았는지 선도 행위를 받아들였는데, 한 아이의 부모가 의도를 알 수 없는 전화를 했다. 학교에서 연락을 받고 아이에게 물어보니 담배를 태우지 않았다는데 흡연 사실이 제대로 확인된 거냐는 전화였다. 항의인지 단순 문의인 건지 알 수 없었으나, 그 아이는 흡연자가 맞았다. 더하여 적발 상황에서 담배를 소지하고 있었고, 친구들에게 담배를 판매한 경험이 많다는 주변의 증언으로 확인된 선도 대상 학생이었다.

차분히 사실 관계를 설명했다. 그럼에도 목소리로 짐작건대 걱정은 가득해도 수긍하는 느낌이 아니었다. 아들의 말을 믿고 싶은 부모의 마음을 이해 못 할 바는 아니나, 이의가 있다면 선도위원회에서 소명하면 될 일이기에 간략하게 절차를 안내했다. 전화를 끊은 후, 얼마 지나지 않아 다시 전화가 왔다. 아무리 물어봐도 우리 아이는 담배를 피우지 않았다는데 어떡하냐는 문의였다. 인내심을 발휘해 담당 교사인 내 판단을 다시 설명했다. 물론 현장에서는 흡연 장면이 적발되지 않았지만, 담배를 소지하고 있었고 친구들에게 돈을 받고 담배를 판매한 행위도 위중하므로 선도 대상 학생이 맞다는 내 의견을 전달했다. 알겠다며 휙 하니 전화를 끊는 부모의 마음을 헤아리려 노력했으나, 쉽지 않았다.

모니터만 노려보며 업무를 정리했다. 교내 흡연은 그냥 혼내고 말 일이 아니라서 선도위원회를 위해 준비할 일이 많았다. 집중할 만하니 또다시 그 학부모의 전화가 왔다.

"선생님, 아무리 생각해도 우리 아이는 친구들에게 담배만 판매했고, 피우진 않은 거잖아요? 그럼 흡연으로 선도위원회에 회부될 이유가 없는 거 아닌가요?"

어디선가 가까스로 날 붙잡고 있는 가느다란 선이 끊어지는 소리가 들렸다.

"어머님, 아이의 모든 주장이 사실이라 하더라도 담배를 소지하고 친구들에게 판매하는 행위가 흡연보다 더 나쁜 겁니다.

왜 주점과 편의점에서 아이들에게 술과 담배를 판매하면 처벌을 받을까요? 그리고 어머님 말씀의 의도를 잘 모르겠는데, 정말 아이가 아무런 잘못이 없다고 생각하시는 건가요? 아니면 이렇게 계속 전화로 항의하시는 일이 정말 아이를 위한 일이라고 믿으시는 건가요?"

오래 노력했지만, 슬프게도 나는 인격자가 될 수 없었다. 오늘도 한 번만 더 차분히 설명하면 될 일을, 참지 못하고 퍼붓듯 말해버리니 학부모는 아무런 말도 하지 못했다. 화를 가라앉히고 선도위원회는 징계에 목적이 있는 것이 아니라 아이를 바른길로 인도하려는 데 그 목적이 있다고 부연하자 죄송하다며 학부모는 전화를 끊었다. 분명 내가 원했던 방식의 마무리는 아니었다.

학교의 아이들을 생각하고, 부모의 역할을 생각했다. 아이가 올바르게 성장하도록 돕고 제때 둥지에서 독립시켜 주는 것이 부모의 주된 역할이라 한다면, 그 어느 것도 이 과잉보호를 설명할 수 없었다. 이대로라면 아이는 자기 잘못을 직시할 줄 모르는 채 성장할 것이고, 부모는 앞으로도 자식의 뒷감당만 할 것 같았다. 나는 이 일그러진 모성과 시대상이 애처로웠다. 그리고 그 애처로움이, 내가 앉은 자리를 더욱 무겁게 만들었다.

무엇을 숨기고 있니?

Ⅱ. 아빠는 미술 교사

19.
소외된 자들이여, 내게로 오라

날이 풀리니 전보다 많은 아이들이 운동장에서 뛰논다. 중고등학교가 나눠 써야 하는 좁은 운동장도 아이들에겐 문제가 되지 않는지 늘 시끌벅적하다. 그 시끄러움이 듣기 좋을 때가 지금이다. 교무실의 적막을 피해 잠시 건물 밖으로 나오니 운동장이 보인다. 트랙을 따라가 본다. 곧이어 귀를 찌르는 함성. 햇살 가득한 운동장이 아이들에겐 EPL(영국 프로 축구 리그) 경기장 못지않다. 축구공의 움직임을 따라 두 무리의 아이들이 움직인다. 웃고 짜증 내고 소리치는 모든 행동이 이 아이들을 설명한다. 지금 아이들은 축구를 통해 자신을 확인하는 중이다.

방과후 학교 담당 교사에게 특기 적성 수업 개설을 요청받았다. 평소 예술 고등학교 진학을 원하는 학생이 없으면 미술은 수업만으로도 충분하다고 여겼으나 만들기로 했다. 방과 후 프로그램의 다양성이 필요하다는 취지에 공감했기 때문이다. 그럼에도 신청자 수 부족으로 폐강될 것이 뻔해 별다른 준비는 하지 않았다. 아이들에게 인기 있는 프로그램은 따로 있다. 특히 스포츠 관련 프로그램은 늘 수강생이 넘치는데, 타 교과인 내게도 매력적으로 보여 아이들 참가를 독려하고 싶을 정도다.

꾸준한 연습으로 운동 능력을 뽐낼 수 있고, 팀플레이로 협력을 배우며, 승부를 통해 집단의 목표를 이룬다. 이 얼마나 교육적으로도 멋진가. 그런 면에서 미술은 체육의 상대가 되질 못 한다. 인기와 비인기의 갈림이 너무나 분명하여 부럽지도 않다. 남자아이들은 서로의 몸을 부대끼며 성장한다.

방과후 학교 모집 기간이 끝났다. 놀랍게도 폐강될 줄 알았던 미술반이 개설에 필요한 최소 인원을 충족하여 수업할 수 있게 되었다. 홍보 없던 수업을 신청한 아이들이 궁금했다. 개강 당일 미술실로 찾아온 아이들을 보니 웃음이 나왔다. 소위 말하는 아웃사이더들만 모여있었다. 사교적이진 않아도, 자기 색깔은 뚜렷한 아이들.

 반가운 마음에 아이들에게 연필과 스케치북을 나눠주며 이것저것 말을 걸어봤지만 제대로 된 대답 한 번 듣기 어려웠다. 슬슬 이 아이들과 함께 만들어갈 수업이 걱정되기 시작했다. 아이들 취향을 파악하기 위해 좋아하는 캐릭터나 애니메이션을 물어보니 이 질문엔 대답이 나왔다. 수업 눈높이를 맞추기 위해 드로잉을 시켜보니 기대보다 잘 그렸다. 비로소 이 아이들의 목적과 기대하는 바를 눈치챌 수 있었다. 녀석들은 미술 선생님에게 그림 실력을 인정받고 싶고, 비슷한 관심사를 가진 친구들과 어울리고 싶은 것이다. 미술은 이 아이들에게 큰 의미가 있었다.

 종종 아이를 키우는 여교사들에게 미술 학원을 보내는 것은 어떨지 문의를 받는다. 자녀가 무언가를 그리며 몰두하는 모습을 보면 부모로서는 관심이 안 갈 수 없는 것이다. 익숙한 질문이라 내 대답은 제법 능숙하다. 그림 그리기는 인간이 할 수 있는 고도의 표현 활동이며, 손을 섬세하게 사용하기 때문에 두뇌와 소근육 발달에도 큰 영향을 준다. 진로와 상관없이 유년기에 배우는 미술은 무조건 추천한다는 내 말을 들은 그들의 표정은 환해진다. 걱정은 덜어주고 좋은 부분만 얘기했지만, 사실은 사실이었다.

  두 번째 방과 후 수업을 했다. 수업의 목표를 전달하고 기초 캐릭터를 그려보는 시간을 가졌다. 아이들은 조용히 눈빛만 빛내며 그리기에 몰두했다. 내가 처음 그림을 그렸던 시간을 생각했다. 맞벌이로 바쁜 부모 밑에서 자라 집에서 홀로 보내는 시간이 많던 내 어린 시절. 종이가 닳도록 읽었던 동화책과 색연필은 내 비밀 친구였다. 바닥에 누워 동화책을 읽고 삽화 뒷면에 그림을 그리다 보면, 어느새 무료함과 외로움도 잊은 채 마음껏 상상의 나래를 펼칠 수 있었다. 나는 자유로웠다.

  소극적이던 아이들은 도화지 위에서는 연필로 스케이트를 타듯 자유로웠다. 잘 그리다가도 내가 쳐다보면 손을 멈추고 그림을 숨기는 아이가 귀여웠다. 제법 빼어난 그림을 그려놓고 괜히 마음에 안 든다는 듯 한숨으로 허세를 부리는 녀석도 마찬가지였다. 이 모든 행동을 정확히 이해할 수 있는 사람은 우리 학교에는 미술 교사인 나밖에 없을 것 같았다. 그저 '괜찮아, 잘

하고 있어.'라는 말뿐이었지만 충분했다.

조금 더 이 아이들과 함께하고 싶어졌다. 내가 준 이 연필이 아이들 내면을 지켜줄 무기가 될 수 있을까. 별다른 기대 없이 수업을 개설했던 마음을 버리기로 했다. 언젠가 이 아이들이 나처럼 그림으로 자기 마음을 지켜낼 수 있다면, 아직 내가 할 일은 많이 남은 것이다.

너는 벌써 많은 것을 아는 것 같아.

20.
종이비행기를 오래 날리는 방법

 아이들 눈이 풀려 있다. 수업을 시작하기도 전에 이미 늘어져 있는 아이들의 모습을 보니 옅은 한숨이 나온다. 점심시간 후 5교시의 모습은 종종 이렇다. 어떻게 수업을 시작할지 잠시 고민하는 사이, 눈치 빠른 반장 녀석이 선수를 친다.

 "선생님, 시험 전 주인데 자율 학습하면 안 돼요?"

 미술은 수행 과정으로 평가하는 과목인데, 필기시험 준비랑 무슨 관련이 있는지 모르겠다. 다만 주요 과목 시험을 대비하자는 갸륵한 대의에 맞서려면 난 그보다 좋은 대안을 내놔야 한다. '싫은데?'라고 장난스럽게 대답했어도 내 머리는 빠르게 돌아간다. 수업 중 이뤄지는 모든 행위에는 의미를 부여해야 한다.

우선 눈앞의 병든 닭부터 시작이다.

"너 어제 몇 시에 잤어?"
"2시요."

"대단하다. 시험공부하다가 늦게 잔 거야?"
"아니요. 게임하다가 늦게 잤는데요."

예상대로다. 내 질문은 그다음으로 병세가 위중한 닭에게 갔다.

"너는 어제 몇 시에 잤어?"
"1시요."

"그럼 너도 게임하다가 늦게 잔 거야?"
"아니요, 유튜브 보다가 늦게 잔 건데요?"

역시 예상대로다. 이 대화로 내가 할 말에 대한 사전 작업은 끝났다.

"선생님은 너희들 모두가 공부로 성공할 것이라고 믿지 않아. 알다시피 지금은 꼭 공부가 아니라도 성공할 거리는 많잖아."

"다만 지금 너희가 이렇게 무력한 시간을 보내는 이유는 이루고 싶은 것들이 막연하기 때문일지도 몰라."

"만약 너희의 목표가 분명하다면 머리는 온통 그 생각뿐일 거야. 시키지 않아도 알아서 정보도 찾아보고, 관련 공부도 하는 등 다양한 노력을 하게 되거든."

"오늘 할 수업은 다음 주로 미루고 선생님하고 재밌는 거 해보자. 종이비행기 오래 날리기 어때? 1등은 매점 상품권 쏜다."

아이들은 환호성을 지르다가도 눈동자에 의문이 남는다. 종이비행기와 자신이 이루고 싶은 목표가 대체 무슨 관계인지 어리둥절한 것이다.

"종이비행기의 재료로 모두에게 A4지 한 장씩 나눠줄 거야. 수단과 방법을 가리지 말고 오래 날리기만 하면 돼. 비행기의 모양도 상관없고 던지는 방식도 상관없으며, 심지어 구겨서 던져도 돼."

"단, 종이에는 반드시 10년 안에 이루고 싶은 목표를 하나씩 적어야 해."

삶의 목표가 없는 아이들이 안타까울 때가 있다. 아직 어리기에 당연한 걸까. 경험은 부족한데 해야 할 게 많아, 미리 포기하는 아이들이 자꾸 눈에 걸린다. 꼭 공부가 아니더라도 하고 싶은 것을 생각해 보는 기회가 자주 주어진다면 좋으련만, 현실 교육은 그리 녹록지 않다. 미술은 그런 의미에서 여유로운 과목이다. 수업의 목표를 길게 잡고, 진도에 쫓길 일도 없으니 얼마나 좋은가. 그럼에도 일주일에 한두 시간 수업만으론 부족해 나 역시 아쉬움은 남는다. 그러니 이런 예정에 없던 수업도 소중한 기회일 수밖에.

아이들은 십 년 안에 자신이 이루고 싶은 목표를 적었다. 제법 진지하게 적는 모습에 살짝 감동할 뻔하다가, 오 분도 채 안 지나 바로 종이비행기 접기로 넘어가는 모습을 보니 헛웃음이 터진다. 뭐 어떤가, 교육은 원래 가랑비로 옷을 적시는 일과 같다. 언젠가는 아이들이 내가 하고 싶던 말을 이해할 거라 믿어야 한다. 난 그저 그 믿음으로 꾸준히 반복해야 하는 것이고.

 운동장으로 나간 아이들은 자신의 바람을 하늘 높이 날렸다. 어느 비행기는 던지자마자 바닥에 꽂히기도 하고, 나무에 걸린 종이비행기도 생겼으며, 모양은 이상한데 멀리 날아가는 것도 있었다. 내겐 이 모든 모습이 앞으로 아이들이 겪을 일처럼 보였다. 계획대로 흘러가지 않는 게 삶이더라도, 이 종이비행기들이 그런 상징은 분명 아니련만. 바라건대 앞으로도 아이들이 지금처럼 다시 던져보겠다며 웃음으로 난관을 대했으면 한다. 그 웃음을 잃지 않는다면, 나처럼 다시 기회를 줄 누군가를 만나게 될 것이라 믿는다.

 끝으로 제목에 대한 답을 말해야겠다. 누설되면 내가 당신에게 매점 상품권을 쏴야 할지도 몰라 걱정되지만, 여기까지 읽은 당신은 이미 눈치챘을 것이다. 1등을 한 아이들의 공통점이 있었다. 하늘과 수직으로 종이비행기를 힘껏 던졌던 아이들이 1등을 했다. 목표를 바라보고, 온 힘을 다해 던졌던 아이들이.

우주비행사가 되고 싶어요.

III.
상처 난 자리에 핀 반창고

21.
커다란 문을 열고

　오랜만에 찾아온 미세먼지 없는 봄날, 경복궁은 관광객들로 북적였다. 인사동 골목과 궁궐 담벼락 주변엔 다양한 색상의 한복 입은 사람들이 보였다. 외국인이 한복 입고 다니는 모습이 재밌다. 대여 한복을 입은 그들은 조선의 왕이었고 왕비였다. 셀카봉을 든 환한 웃음의 공주들도 꽃 위를 걷듯 사뿐사뿐 그 뒤를 따랐다.

―――――

　경복궁을 다녀왔다. 주말 날씨가 좋아 아이들과 집 근처에서

만 놀긴 아쉬웠다. 내가 아이들 옷을 입혀주는 사이, 아내는 짐을 싸며 긴 시간의 차량 이동을 대비했다. 수도권에 사는 사람들도 서울로 차를 몰고 가는 것이 쉬운 일은 아니다. 특히 주말 서울의 교통 체증은 타지인에겐 두려운 일이다.

세종대로는 늘 그렇듯 집회에 참여한 사람들과 이를 둘러싸고 있는 경찰들로 혼잡했다. 도로 위는 기어가는 차들로 가득했다. 잠시 창문을 내리고 소란스러운 광장을 바라봤다. 광화문을 가득 채운 사람들은 한 유명 종교인의 연설을 듣고 있었다. 그는 사리에 맞지 않는 분노를 표출하고 있었다. 대형 스피커를 뚫고 나오는 커다란 소리는 광화문을 넘어 종로구 일대를 겁박하고 있었다.

그는 전능감에 취해있었다. 신도들은 그의 말에 열광했고 연설은 점점 고조됐다. 말 한마디가 끝나면 동시 통역사가 이를 영어로 통역했다. 그가 약속하는 구원은 내세가 아닌 현세의 부와 명예였다. 익히 알고 있던 악명처럼 그는 여전히 종교를 팔고 신을 팔고 있었다. 영혼이 없는 자들은 그의 성체 안에 단단히 결집해 있었다.

다행히도 조금씩 차량을 전진해 소란을 뒤로하고 경복궁에 도착할 수 있었다. 조선총독부 건물이 경복궁 앞을 가로막던 모습을 기억하는 나로선 현재가 감개무량했다. 어린 시절엔 국립중앙박물관이 조선총독부 건물이었다는 역사적 의미가 잘 와닿지 않았다. 무지한 소년에게 국립중앙박물관은 박물관치곤 공간의 활용이 어색하고 이국적인 건물일 뿐이었다. 일제는 한 나라의 법궁 앞에 식민 통치 기구 건물을 세워놓는 만행을 저질렀다. 이제 그 자리엔 어떤 흔적도 남아 있지 않다. 흘러간 시간만큼 흐릿해진 분노와 묘한 안도감을 느끼는 나를 본다.

궐내엔 전국 수문장 임명식이 거행되고 있었다. 각 지역을 대표하는 깃발과 언월도를 든 수문장들의 표정이 자못 진지했다. 관광객들은 감탄사를 연발했고, 수문장들의 동작 하나하나에 휴대전화 카메라는 빠르게 반응했다. 혼잡한 행사장을 지나 근정전 앞에서 가족사진을 찍었다. 부모와는 달리 궁궐이 지루했던 아이들을 위해 흥례문 주변에서 자유롭게 뛰놀게 했다.

근정문과 흥례문 사이를 오가는 사람들 사이로 두 남매는 마음껏 뛰놀며 술래잡기했다. 문은 활짝 열려있었고 관광객들의 표정은 대체로 밝았다. 커다란 문을 오가는 사람들을 보니 문득 십여 년 전 참여했던 전시가 떠올랐다. 서울시청에서 서울의 사대문을 주제로 기획했던 전시였고, 나는 평면 작업을 출품했다.

지금 바라보니 개념은 설익었으나 표현의 재미는 있었다. 작업을 구상하던 당시도 정치는 사람들을 갈라놓고 있었고, 나는 불통이 피곤했다. 닫혀있는 사대문과 두꺼운 성벽엔 사람들의 고집스러움이 연상됐다. 오랜 고민 끝에 화면 안에 세계인권선언문과 독립선언문을 그대로 옮겨 적었다. 그리고 그 안에서 사대문의 형태가 두꺼운 글씨로 드러나게 했다.

22대 총선을 앞두고 있다. 전시 후 강산도 변할 시간이 흘렀지만, 사람들은 여전히 증오를 말하고 있다. 화창한 주말 집 밖으로 나온 사람들 일굴엔 활짝 띈 봄꽃이 보이는데, 정치인들은 아직도 그 꽃들을 벚꽃과 사쿠라로 갈라치고 있다.

―――――

하늘 아래 어느 하나 새로운 것은 없다지만, 보이며 들리는 소식과 장면들은 요즘의 우리를 절망하게 만든다. 계층 계파

간의 갈등은 물론 불합리 부조리에 지친 우리는 어디로 가야 할지 길을 잃은 듯하다.

(... 중략)

　서울의 사대문은 숭례문, 흥인지문, 돈의문, 숙정문으로 사소문과 함께 서울을 둘러싼 문이다. 문의 주된 역할을 출입에 있다 한다면 우리의 의식과 이데올로기, 갈등을 중재하는 예술적 매개체로 사대문을 바라봐도 좋을 것이다. 작업의 주체인 문구들은 우리나라를 포함한 세계의 인권, 독립선언문들이다. 모두가 격정적이었고 간절하며 하나가 되었을 당시의 선언문 안에서 사대문이 드러나게 표현하였다. 소통과 이해보다 우선되는 화합의 조건은 없을 것이다. 세계화된 도시 서울의 사대문을 통해 온전하고 건강한 정신이 소통되길 소망한다.

〈서울을 보다 전시 작업 노트 중〉

경복궁 근정문 앞에서.

22.
사랑의 레시피

아내와 내 생일은 이틀 차이가 난다. 연이어 파티하기엔 간격이 짧아, 보통 하루에 몰아서 서로 축하를 해준다. 감사하게도 올해엔 주말 하루 동안 아이들을 돌봐주시겠다는 처가의 배려가 있었다. 덕분에 이번 주말은 우리가 그토록 바라던 오붓한 시간을 보낼 수 있었다.

───────

아내와 연애할 때는 기념일엔 근사한 식당을 예약하고 의미 있는 선물도 나눴다. 나이 차가 있는 우리는 선물을 대하는 태도가 달랐다. 아내는 확고한 취향을 가진 남자 친구의 선물을 고르는 게 어려웠다. 반대로 나는 선물하는 일이 쉬웠다. 평소 눈에 띄던 예쁜 것들을 기억해 기념일 때 건네주면 아내는 기뻐했다. 아내의 취향은 무던했기에 미술 하는 남자의 선물이 감각적으로 느껴졌다고 말했다. (냉정한 아내의 공식 답변이다.)

결혼 후에도 기념일마다 아내에게 선물을 줬지만, 아이들이 생기고 난 후엔 선물의 의미가 점점 흐려졌다. 필요한 게 없던 나는 선물을 사양했고, 아내는 생일날 꽃 한 다발이면 충분하다고 말했다. 그마저도 올해는 그 돈 아껴서 맛있는 것이나 먹자 하니 이것이 부부의 세계인가 싶었다.

애정왕 최수종 흉내라도 내고 싶어 생일마다 아내의 아침 생일상을 직접 차렸다. 이번엔 아침 생일상만으로는 아쉬운 마음이 들어 다른 표현이라도 하고 싶었다. 이리저리 궁리해 봤지만 다소 뻔한 선택을 하게 되었다. 정성이 담긴 저녁 식사까지 책임지는 것. 아무리 배달 음식이 맛있더라도 남편이 만든 요리의 가치만 못할 것이라며 혼자 의미를 뒀다.

고기를 선호하지 않는 남편과는 달리 아내는 전생에 암사자가 아니었나 싶을 정도로 육식에 진심이다. 언젠가 방송에서 본 육식 동물의 식사 장면처럼 내장을 선호하며, 살코기는 다음 순위로 친다. 그러나 곱창이나 막창엔 남편의 실력이 담기기 어렵다. 틈틈이 갈고닦은 실력으로 스테이크를 구워주기 위해 재료 구매차 마트로 향했다. 빠르게 준비된 그날의 저녁 식사는 매우 만족스러웠고, 내 수고는 아내의 칭찬으로 보상됐다.

혹시 이 글이 남 얘기처럼 들린다면 잠시 생각해 보길 권한다. 꼭 고든 램지와 백종원만 집에서 요리하는 것은 아니다. 많은 남자가 집에서 실력을 갈고닦지만, 의외로 요리에 서툰 남자들도 많다. 이 꼭지는 그동안 요리를 멀리했던 남자들을 위한 것이다. 나는 자취 기간이 길었다. 살기 위해 수많은 스승을 유튜브에서 만났다. 미슐랭 스타까지는 아니어도 미술할랭 스타를 획득한 야매 요리사의 방식을 속는 셈 치고 따라오기만 하면 된다. 그러면 뭐가 좋냐고? 당신은 곧 근사한 저녁 한 끼를 사랑하는 사람에게 대접할 수 있을 것이다.

―――――

당장 동네 대형마트로 달려가자. 고기를 선택하기 전 가니쉬

(곁들임 음식)로 새송이버섯과 양송이버섯 세트를 골라 카트에 넣는다. 요즘 마트에는 구이용 모둠 버섯을 따로 팔기에 낱개로 구매하는 것보다 경제적이다. 플레이팅을 할 때 고기만 놓여있으면 허전하니 샐러드 코너에서 푸실리와 펜네 샐러드(숏 파스타. 가운데가 비어 있는 것과 나사같이 생긴 것) 세트를 사서 얹어주는 것도 좋다.

스테이크 고기로는 잘만 요리한다면 호주산이나 미국산도 충분히 좋은 선택이다. 초심자들에겐 두께가 얇은 부챗살이나 등심 스테이크가 추천되곤 하나 사나이라면 겁먹지 말자. 고기는 두께와 식감이다. 망하면 치킨 시켜 먹지라는 각오로 제일 두꺼운 안심을 과감하게 고른다.

소스의 중요성은 말할 것도 없다. 미트에선 다양한 소스를 볼 수 있는데, 시판되는 소스의 맛은 대부분 아는 맛이다. 이는 결말을 아는 영화 보는 것처럼 재미없으니, 수제로 만들어보자. 방법은 간단하다. 포도 주스를 사서 걸쭉하게 졸이면 끝. 포도 특유의 달고 새콤함이 고기의 풍미를 끌어올린다.

마트에 들른 김에 레드 와인도 잊으면 안 된다. 와인까지 아는 척하고 싶지만, 전문성이 떨어져 보이므로 알아서들 입맛에 맞는 와인을 찾길 바란다. 6만 원 이하 와인의 맛 차이를 느낀다면, 그대는 이 단락이 무용한 사람이다. 매대에는 와인에 대한 자세한 설명이 나와 있고, 점원들도 추천을 해주곤 하니 선택하기 편할 것이다.

고기를 냉장고에 넣어놨다가 랩을 벗긴 후 그냥 조리하면 평생 고기 못 굽는다는 소릴 면하기 어렵다. 스테이크 굽기가 어려운 이유는 몇 가지 밑 작업이 필요하기 때문인데, 핵심은 고기의 온도다. 냉장되어 있던 고기를 바로 불판에 올리면 익힘의 정도를 맞추기 어렵다. 따라서 먹기 최소 30분 전에는 상온에 두고 종이 타월로 핏물을 닦아준 후 밑간을 해둔다. 시즈닝 가루가 있다면 좋겠지만, 없다면 후추와 소금만으로도 충분하다. 이거 좀 짤 것 같다는 말이 나올 정도로 충분히 뿌려주고 올리브유를 발라준다. 셰프들은 소금을 아끼지 않는다.

요즘 가정에는 가스버너보다 인덕션을 쓰는 집들이 많다. 깨끗하게 관리하긴 편하나 강한 불이 필요한 요리에 인덕션은 아쉬운 도구다. 하지만 온도를 최대치로 올리면 고기 구울 정도는 된다. 스테이크엔 강한 불이 필수다. 인덕션 위에 팬을 올리고 팬이 충분히 달궈진 후 연기가 나면 이때부터는 온 신경을 집중해야 한다. 그렇다고 긴장할 필요는 없다. 망해도 우리에겐 배달 치킨이 있다는 사실을 상기하면 불필요한 힘이 빠진다.

　미리 손질해 둔 버섯들(아스파라거스도 좋다)은 곁에 두고 버터를 집어 든다. 편하게 가는 길로 국물 요리에는 다시다가 있다면 구이 요리엔 버터가 있다. 버터를 쓰고도 맛없는 요리를 만들었다면 경찰 불러야 한다. 버터를 큼직하게 썰어 팬에 골고루 버터가 퍼지도록 녹여준다. 순식간에 벌어지는 일이므로 고깃덩어리를 집어 팬 위에 올린다. 그리고 버섯들도 곁에 올린다. 향을 위해 다양한 허브도 좋지만 없어도 상관없다. 고기에만 집중하면 된다.

　두께가 3cm는 족히 되는 두툼한 안심을 눈으로 대략 3등분을 해본다. 구울 때 기준이 필요하기 때문이다. 고기 속 온도를 재는 스테이크용 온도계가 있다면 편하겠지만, 어쩌다 한번 기분 내는 사람들 집에는 그런 고급 도구는 없으니, 눈을 믿어야 한다. 겉면을 바짝 익히며(시어링) 스푼으로 버터기름을 끼얹어 준다. 이는 익힘을 도와주며 버터의 풍미가 고기에 배어들게 만들어 준다. 측면을 보았을 때 고기의 아랫부분 3분의 1 정도가 구워졌다면 한 번만 뒤집어 준다. 그리고 뒤집은 후 마찬가지로 측면의 갈변이 3분의 2가 넘어가면 굽는 일은 끝이다.

한 가지 더 남았다. 당장 보여주고 싶고 잘라서 익힘의 정도를 보고 싶겠지만 참아야 한다. 접시에 가니쉬들을 플레이팅한 후, 고기를 올리고 포일로 5분간 덮어준다. 그 시간 동안 스테이크에는 육즙이 골고루 퍼지며 온도는 먹기 좋은 상태로 내려간다. 이제 시간이 지났으니 멋들어지게 와인을 건배하고 고기를 잘라보면 된다.

이대로 잘 따라왔다면 마치 돼지바를 칼로 자른 것 같은 탐스러운 단면이 보일 것이다.
맞은편에 앉은 당신이 사랑하는 사람은 미간을 찌푸리며 감탄사를 연발할 것이다. 이때 주의하자. 절대 웃으며 거들먹대면 안 된다. 없어 보인다. 태연한 표정으로 기쁜 마음은 꼭꼭 숨기고 한마디만 더하면 된다.

"그대 두 눈에 건배!"

보스~ 음식은 입에 맞으십니까?

23.
정말 사랑하나요?

곧 마흔이 되는 후배가 결혼을 했다. 대학을 졸업한 지 제법 시간이 흘러 더는 동문 결혼식에 갈 일이 없을 것으로 생각했는데, 아직 노병이 남아 있었다. 몇 주 전 초대장을 전달하고 싶다며 선배들을 모은 이 후배는 1학년 때의 모습만큼이나 여전히 넉살이 좋았다. 취기 때문인지 예비 신부 자랑 때문인지는 몰라도 후배의 얼굴은 술자리 내내 벌겋게 물들어 있었다. 녀석은 결혼을 몹시 고대하고 있었다.

결혼 당일 식장에 도착하니 오랜만이라 반가운 얼굴들이 보였다. 학과 후배들이었다. 다들 잘 살고 있다는 근황에 해준 것 하나 없는 내가 다 뿌듯했다. 미술로 하는 밥벌이의 고충을 누구보다 잘 알고 있어 안도하는 마음에 응원하고 싶은 감정이 포개졌다. 짧은 인사 후 친구들과 버진로드 근처 테이블에 자리 잡았다. 주변을 둘러보니 하객이 많았다. 지방 출신인 후배가 버스를 대절하여 고향의 친인척들을 모셨다는 얘길 들어도 생각보다 많은 사람들이 식장을 채우고 있었다. 흥겹고 떠들썩한 분위기에 신랑이 등장했고 식은 시작됐다.

후배는 등장부터 요란했다. 하객들의 웃음을 유도하는 능청스러운 제스처에 박수가 쏟아졌다. 신부에게 사랑을 맹세하고 노래로 고백하는 모습에는 절로 미소가 지어졌다. 아마 식장에 있는 많은 사람이 비슷한 생각을 했을 것이다.

'나도 이런 순간이 있었는데……'

예식장에 같이 왔던 친구를 태워 집으로 왔다. 오는 길에 차가 막히지 않아 빠르게 도착할 수 있었다. 이날은 공교롭게 아내도 참석해야 할 결혼식이 있어 처가에 아이들을 맡긴 상태였다. 시간적 여유가 있는 우리는 오랜만에 아내도 불러 저녁을 먹기로 했다. 그리고 친구의 새로운 연인을 이 자리에 초대했다.

   친구는 몇 년 전 이혼을 했고 한동안 크게 괴로워했다. 전쟁 같은 사랑을 했으니 헤어지는 것이 나을 것으로 생각했지만, 친구는 이혼 후의 고통도 그에 못지않게 깊어 보였다. 곁에서 지켜보는 나는 그 상처 때문에 친구가 혼자 지내는 것을 원치 않았다. 기회가 될 때마다 새로운 사람을 만나보길 권했다. 아직 그는 혼자 살기엔 젊으며 이성에게 충분히 매력적이었다.

   지인들이 친구의 이혼을 편하게 말할 수 있을 때쯤, 그는 새로운 만남을 시작할 수 있었다. 축하하는 마음에 그녀의 어디가 그렇게 좋냐는 농담 섞인 내 질문을 친구는 진지하게 받아들였다. 함께해서 좋은 순간에도 문득문득 두려움을 느낀다는 친구의 대답은 더 많은 질문을 가로막았다. 경험하지 못한 자의 가벼운 공감이 무슨 의미가 있을까. 그의 지난 시간을 알고 있기에 아직 새로운 만남을 온전히 기뻐하긴 이른 것 같았다.

   아내와 처음 만난 친구의 연인은 매우 활발했다. 외향적인 그녀는 내 아내보다 언니이기에 능숙하게 대화를 유도하며 호감을 표현했다. 여성들의 스몰토크가 칵테일 잔을 부딪치며 이어지는 동안 친구와 나는 그저 잔만 비웠다. 중간중간 대화에 참여해 보니 그녀는 이미 친구와 결혼할 결심을 한 상태였다. 그리고 친구는 늘 그렇듯 별다른 말이 없었다.

아내가 친구와 이야기 나누는 틈을 타 나는 그녀에게 내 친구의 어떤 모습을 사랑하는지 물어보았다. 그녀는 친구가 잘생겼고, 또래보다 젊어 보이며 자상하다고 했다. 그리고 예술가의 모습이 멋지다고 말했다. 이유 있는 대답은 막힘이 없었다. 넘칠 듯 가득 찬 마음에 내 질문은 물꼬를 터 줬다. 웃음이 터진 나는 그녀를 가만히 쳐다보았다.

결혼 전의 나는 미술 하는 우리들의 모습을 이렇게 묘사한 적이 있었다. 우리의 모습은 파랑새와 같다고. 또래들이 직장에 다니며 삶의 무게로 늙고 지쳐갈 때 우리는 다른 모습으로 살기에 이성에게 호기심의 대상이 될 수 있고 매력적으로 보일 수도 있으나, 새는 밖에서 바라볼 때 아름다운 거지 새장에 가둬 놓으면 지저분하고 냄새나 곧 버림받기 쉽다고 말이다.

잠시 뜸을 들이다 이 이야기를 그녀에게도 해줬다. 내 이야기를 다 들은 그녀는 그런 것쯤은 전혀 문제가 안 된다며 자신감을 내비쳤다. 충분히 이해하며 곁에서 도와줄 수 있다는 완벽한 대답에 기시감을 느꼈다. 사랑은 정말로 그런 것일진대, 내가 아는 사랑은 그리 만만치 않았다. 친구의 상처를 아는 나는 그녀의 말이 진심이길 바랐다. 자리는 끝까지 화기애애했고 자정이 넘어서야 우린 자릴 마무리할 수 있었다.

    아내와 집을 향해 걸어가며 많은 이야기를 나눴다. 오랜만의 외식으로 상기된 아내는 새처럼 재잘거리며 즐거움을 표현했다. 나는 날지 못하는 철새를 생각했다. 분명 새도 머물 곳이 필요할 터인데, 여름과 겨울의 거리가 내겐 너무나 짧게 느껴졌다.

결혼하면 이렇게 예쁜 딸도 낳을 수 있고.

Ⅲ. 상처 난 자리에 핀 반창고

24.
만약에 말야

"야~오랜만이다. 이게 얼마 만이야?"

"…."

"그래, 애들은 많이 컸고?"

"…."

"그치, 네 카톡 사진 보니까 진짜 애들은 쑥쑥 자라더라."

"…."

"나야 뭐, 죽지 못해 사는 거지. 그냥 하릴없이 바빠."

"…."

"아냐 아냐. 연애는 무슨. 이젠 다 귀찮다. 혼자가 편해. 그냥 나중에 실버타운이나 가려고."

"……"

"아, 됐고 근처 조용한 참치 집이나 가자. 내가 쏠게."

"……"

"애 아빠가 무슨 돈이 있어. 시끄러워. 그냥 따라와."

"……"

———————

"크. 날이 더우니까 소맥 맛이 기가 막히네. 그나저나 어디 사냐? 아직도 거기 사나?"

"……"

"너도 참 그 동네 못 벗어나는구나. 하긴 네가 그 동네 오래 살아서 좋아했지."

"……"

"나? 다시 서울로 기어들어 갔지. 일하려니 어쩔 수 없더라고. 젠장. 매달 나가는 돈이 얼만지 아냐? 눈물만 난다."

"……"

"아, 됐고 술이나 받아. 오랜만인데 왜 이리 술을 꺾어?"

"……"

"하긴, 나도 영 예전 같지 않다. 소주 한 병만 마셔도 이젠 취해. 알쓰 다 됐어. 알코올 쓰레기야 기냥."

"……"

"그래도 간만에 둘이 마시니까 옛날 생각나 좋네. 왜 그때 우리 둘이 다니면 여자들이 막 말 걸고 그랬잖아. 이젠 늙어서 쳐다도 안 본다. 젠장."

"……"

"야, 뭘 너 때문이야~ 나 때문이지. 그땐 내가 좀 난리였냐? 사실 아직도 주변에서 날 가만히 냅두질 않는데 귀찮아서 안 만나는 거야."

"……"

"뭘 자꾸 물어봐. 진짜라니까. 그나저나 이 집 참치 괜찮네. 사장님이 해동을 잘해. 녹기 전에 좀 먹어~"

"……"

"에헤이. 술맛 떨어지게. 뭐…. 그 후에도 좀 만나봤지. 근데 안 되겠더라. 난 결혼할 팔자가 아닌가 봐. 누굴 책임질 자신이 없어. 네가 그냥 대단한 거야. 난 포기했어."

"……"

"지는 결혼 했다고 쉽게 말하네. 야, 결혼이 그리 쉽더냐. 다들 따지는 거 엄청 많아. 생각만 해도 숨이 턱턱 막힌다. 나 같은 프리랜서가 무슨 미래가 있어. 그냥 사는 거지. 누구 고생시

킬 일 있냐. 혼자가 편해."

"……"

"그때? 오랜만인데 또 그 얘기냐. 그때야 지금보다는 어렸고, 걔라면 없이 살아도 서로 행복할 수 있겠다고 생각했지. 걔가 날 좀 좋아했냐…"

"……"

"그래, 미안하지. 나도 잘 모르겠어…. 복에 겨워서 미쳤던 거지 뭐. 이젠 잘 사는 애 얘기 그만해라."

"……"

"넌 아내랑 안 싸우냐? 티브이 보면 다들 난리던데. 이건 뭐 결혼하라는 건지, 말라는 건지. 나 봐, 얼마나 평화로워. 와이프 친정 간다고 하면 다들 좋아 죽던데 그게 뭐 하는 짓이야? 걍 그럴 바엔 혼자 살지."

"……"

"뭐가 외로워? 나 고요하게 사는 거 좋아하잖아. 요즘 일 끝나고 집에 들어가면 빔 프로젝터 켜고 영화 보며 맥주 한잔하는 게 낙이다. 안마의자에 앉아서 치킨 한 마리 혼자 다 먹고. 부럽지?"

"……"

"짜식 말은. 부럽긴 뭐가 부러워. 그냥 한 소리지. 나도 요즘 내가 뭘 좋아하는지 모르겠다. 그냥 피곤하고 만사가 귀찮다. 너니까 오늘 시간 내서 만난 거지 이젠 사람도 잘 안 만나. 그냥 남의 헛소리 들어주는 것도 피곤하고. 한 얘기하고 또 하는 것도 지겹고…."

"……"

"새로울 게 없는 게 슬프지. 옷도 이젠 잘 안 사. 옛날엔 옷 사는 데 그리 돈을 많이 썼는데 이젠 꾸미는 것도 귀찮고. 나이 먹어서 그런가. 뭐 배우기도 싫어."

"……"

"동호회 같은 소리 하고 있네. 그거 막상 가보면 남자들만 득실거려서 남자 환영 안 해. 그리고 우리 나이대를 누가 좋아해? 내가 이 나이에 삼십 대 애들하고 경쟁해야겠냐?"

"……"

"그러니까. 다 끝났어. 망할. 사는 게 재미가 없다…."

"……"

"근데 그거 아냐? 가끔 목욕탕에서 아빠랑 어린애가 같이 씻고 노는 거 보면 괜히 가슴 한구석이 쓰리다?"

"……"

"아냐 아냐. 굳이 따지자면 나도 결혼했다면 저만한 아들이 있었을 텐데 정도. 날 닮은 애가 나를 아빠라고 부르는 모습을 상상하게 되잖아? 무튼 요즘 그런 장면이 쓰리게 느껴지더라고."

"……"

"취하긴 뭘 취해. 그냥 오랜만이니까 아무 말이나 하는 거지. 여성호르몬 과다분비야, 과다분비."

"……"

"근데 있잖아, 만약에 내가 그때 걔랑 헤어지지 않고 결혼했다면 잘 살았을까…?"

대화의 특성을 살리기 위해 구어체 및 비속어를 사용했습니다.

만약에 말야, 아빠도….

25.
푹 삭힌 관계

　서로 사는 곳의 거리가 멀어 일 년에 한두 번 보는 친구가 있다. 친해도 어쩔 수 없는 일이다. 연말이 다가와 보고 싶은 마음에 만날 날짜와 장소를 잡았다. 지하철 기준으로 중간을 찾아보면 사당 부근이라 우리가 만나는 장소는 늘 사당역이다.

───────────

　강남 직장인들은 전부 모인 듯 금요일 저녁 사당역은 인산인해를 이뤘다. 사람들은 물고기 떼처럼 넘실대며 출구를 향해 움직였다. 거대한 흐름 속의 난 앞뒤로 밀려가며 출구를 빠져 나왔다. 숨길을 터주는 찬 공기가 반가웠다. 매년 이맘때의 상황은 비슷해 어느 가게를 가도 대기 인원이 많아 비싸거나 맛없는 곳에 갈 수밖에 없었는데, 올해는 다행히 예약 가능한 곳을 찾아 별실의 조용한 분위기에서 식사할 수 있었다.

나름 정제된 언어를 사용한다고 믿는 나는 이 친구만 만나면 말투가 스무 살 때로 돌아간다. 언젠가 술자리의 우리 대화를 들은 아내가 남편이 다른 사람 같다며 놀랄 정도니 이를 설명해야 하는 상황이 우습기도 하다. 경남 진주가 고향인 친구는 서울말 쓰는 나를 가식적이라 생각했다. 반대로 경상도 억양과 화법이 익숙지 않던 나는 녀석이 늘 시비를 건다고 생각해 우린 자주 투닥거렸다. 그러다 서로 정착한 말투가 서울과 경상도 사이 어디쯤이다.

언어는 서로의 세계를 이해하고 관계를 맺는 본질이다. 이십 년도 넘게 지난 지금까지 관계의 시작 언저리에 머무는 우리 모습이 정신의 미숙함을 드러내는 듯 해 바꿔볼 의향도 있었다. 그러나 떨어져 있을 때의 생각과는 달리 대면하면 서로 말이 툭툭 나오는 것을 보니 인위적으로 바뀌긴 어려울 것 같았다. 사회생활로 만들어진 관계에선 격을 중시했으나 오랜 친구와의 허물없는 편안함도 좋으니 그냥 내버려두었다. 배우 정우성과 이정재의 관계가 보기엔 좋아도 나와 녀석에겐 어울릴 수 없는 것이다. 숙성된 위스키처럼 멋 부린 비유도 우리 관계를 표현하기엔 적절치 않다. 푹 삭힌 홍어 같은 우정이라고 한다면 들어줄 만하다. 홍어찜이 비록 냄새는 고약할지라도 막걸리 마실 때 생각나는 귀한 음식 아니던가.

 (*배우 정우성과 이정재는 25년 동안 서로 존댓말을 하는 친구 사이다.)

 파내고 파내도 웃긴 오래된 이야기가 엊그제 일처럼 생생했다. 미국산 청주는 시공간을 마음대로 당겼다가 저만치로 밀어냈다. 오른 취기에 좌우를 분간 못하며 웃고 떠드는데, 그런 나를 보고 녀석은 눈물을 찔끔대기도 했다. 웃음 이면을 읽어내는 친구의 섬세함이 고마워도 덩치 큰 아저씨들이 술 취해 눈물을 흘린다면 안될 일이었다. 우리는 지하철 막차 시간을 의식하며 다음 장소로 자릴 옮겼다.

 대형 술집이 빼곡한 거리에 작은 골뱅이 전문점 하나가 보였다. 가게 안에 들어서자 가득한 사람들 사이 빈 테이블 하나가 남아 서둘러 자릴 잡았다. 테이블은 드럼통을 개조한 형태였는데, 사람들은 각각의 드럼통을 중심으로 둥글게 앉아 둥근 웃음의 파문을 일으켰다. 뽀족하지 않은 시끄러움이 좋았다. 서로 말이 잘 안 들린다 한들 상관없었다. 우리도 취기를 빌미 삼아 맥주잔을 부딪치며 잔물결을 더했다.

사각의 테이블과는 달리 둥근 테이블은 강제적으로 소외되는 사람을 만들지 않았다. 어떻게든 대화는 시선을 따라 오고 갔으니 그 흥겨운 분위기는 당연했다. 집중할 필요 없는 시시한 이야기로 웃고 떠들다 보니 어느덧 막차 시간이 다가왔다. 자릴 마무리하고 지하철에 타자마자 잠이 들었다. 몽롱한 와중에도 내가 했던 말들이 귓가에서 윙윙거렸다. 소리는 점점 커지다가 작아지고 별안간 빨주노초 색상을 입고는 감은 눈 안에서 뛰어다녔다. 반죽처럼 섞인 그날의 심상은 끊임없이 형태를 바꿔가며 내게 무언가를 말하고자 했다. 낯선 이미지와 대화를 나눌 수 없던 나는 속이 메스꺼웠다.

다시 눈을 뜨니 침대 위였다. 지하철역에서 집까지 걸어온 기억 한 토막이 암전돼 당황스러웠다. 갈증을 느껴 물을 마시곤 잠자리에 누웠으나 쉽게 잠들지 못했다. 하루를 복기하며 뒤척이다 선잠에 들었다. 둥근 것들과 뽀족한 것들이 번갈아 가며 내 머릴 두들기곤 두통을 일으켰다. 시간이 지날수록 선명해지는 통증 덕분에 지난밤을 회개할 수 있었다. 분명 좋아했던 것이 환멸을 일으키는 것도 순식간이다.

웃음도 이렇게 굴리다 보면.

26.
소인배의 고백

고백하건대 첫째가 태어나던 2020년을 난 몹시도 기뻤던 해로 기억한다. 전국이 코로나라는 팬데믹으로 혼란을 겪었어도 그랬다. 처음 겪어보는 그것은 내가 어쩔 방법도 없고 막연한 두려움이었을 뿐, 늦은 나이에 자식을 얻은 기쁨을 넘어서진 못했다.

첫째는 그해 3월 말에 태어났으며 학교의 개학은 늦춰졌다. 생각지 못한 4월 출근으로 난 만삭의 아내와 더 많은 시간을 보낼 수 있었다. 출산장려금에 코로나 지원금까지 나오니 상황을 즐겼는지도 모르겠다. 그러나 그 지긋지긋했던 역병이 그리 오래갈지는 몰랐다. 한 해가 지나도 바뀐 것은 없었고 환절기 감기를 달고 사는 나는 흔한 콧물 한 방울과, 학기 초마다 겪는 인후염에 불안해했다.

몇 차례에 걸친 백신 접종에도 안심할 수 없었다. 사회적 거리 두기와 집합금지 명령을 어긴 사람들을 보면 치밀어 오르는 분노를 참기 어려웠다. 코로나는 계속 퍼졌다. 마스크 때문에 아이들이 말 배우는 것이 늦어졌다는 뉴스와 연이은 자영업자들 폐업 소식의 경중을 헤아릴 수 없었다. 그저 내 아이의 언어 발달만 염려할 뿐이었다. 모두의 생각은 같지 않았고, 나는 할 수 있는 게 없었다.

둘째가 태어나던 2022년도 행복했던 해로 기억한다. 2월에 벌어진 러시아의 우크라이나 침공이 놀랍게 느껴졌지만, 활자로 보는 소식엔 현실감이 없었다. 뉴스 화면 속 포화는 게임 화면처럼 비현실적이었고, 전쟁의 참사는 서늘한 이미지에 지나지 않았다. 남의 일이었다. 나는 세상에 처음 발 디딘 딸만 신기한 눈으로 지켜봤다. 그리고 이 전쟁이 이렇게 오래 이어질지 예감할 수 없었다.

그해 10월 29일 이태원에선 압사 사고가 있었다. 사망자가 159명이었으며 부상자 196명이었다. 아무런 안전장치도 없이 젊은이들은 허망하게 죽거나 다쳤고, 그 누구도 책임지는 사람이 없었다. 한국인에게 세월호라는 큰 트라우마가 채 아물지 못했는데 참사는 반복됐다. 나는 가끔 지인들과 술을 마시곤 욕을 했다. (2024년 10월 17일 서울경찰청장은 무죄가 선고됐고, 행안부 장관은 '모든 순간이 행복했다.'라는 말을 남기고 12월 8일 사임했다.)

그래도 '올 한 해를 무탈하게 보냈구나'라며 안심하던 2024년 12월 3일, 계엄령이 선포됐다. 선잠을 자던 나는 부재중 전화와 쌓인 카톡으로 기사를 접했다. 흐린 정신으로 지인이 보내준 링크를 눌러 유튜브로 들어갔다. 대통령은 담화문을 발표하고 있었다. 여전히 산만한 그의 시선 처리와 입 밖으로 흘러나오는 말의 성질은 서로 달라 섞이질 못했나. 허공에 떠 있는 듯한 초현실적 상황은 영상을 끄고 여러 뉴스를 살펴본 후에야 현실 속 내방으로 떨어졌다.

공포와 분노가 앞다퉈가며 심장을 두들겼다. 차마 곤히 잠든 아내와 아이들을 깨우질 못하고 혼자 거실에서 TV만 붙들었다. 새벽 4시 반 계엄령이 해제되고 나서야 겨우 잠들 수 있었다. 그날은 모두 푸석해진 얼굴로 출근했다. 모이면 나라를 걱정했고, 일부는 퍼렇게 질린 자신의 주식계좌를 걱정했다. 너나 할 것 없이 욕을 했다. 욕은 사람들 혀끝에 매달려서 펄떡거렸다.

학교에선 학생들이 동요치 않게 정치적 중립을 지키라는 당부가 떨어졌다. 나는 발간하려던 몇 개의 글을 지웠다. 며칠이 지났고 탄핵은 부결됐다. 앞으로 벌어질 일들이 예상됐다. 나는 이제야 해야 할 일이 무엇인지 깨달았다.

2024. 12. 3.

27.
I fall in love too easily

　스피커 밖으로 쳇 베이커의 나른한 재즈가 흘러나온다. 운전대를 잡은 추남은 자동차 뒤로 낙엽을 흩날리며 그의 목소리에 한껏 취한다. 중성적인 쳇 베이커의 음색엔 나르시시즘을 자극하는 무언가가 있다. 마치 난 너무 외로운데 이런 내가 좋다는 느낌이랄까. 그의 재즈는 가을을 닮아 이맘때 듣기 딱 좋다. 조용히 가사를 따라 불러보는데 트럼펫과 내 음색이 제법 어울린다. 아, 이놈의 가을.

음악은 오랫동안 나의 짝사랑 대상이었다. 학창 시절엔 나름 록 스피릿이 있어서 수많은 기타리스트를 동경하기도 했다. 그들처럼 되고 싶어 기타를 배워보려 한 적도 있었다. 하지만 짧은 경험으로 끝났다. 원래 악기는 긴 시간을 두고 천천히 배우기를 즐겨야 하는데, 그러질 못했다. 쉽게 시작한 일은 그만두는 것도 쉬웠다.

가끔 악기를 능숙하게 다루는 연주자들을 보면 부러움과 부끄러움이 교차했다. 그 빼어난 연주 실력에는 노력의 시간이, 몰입하는 표정엔 쉽게 포기했던 내 모습이 보였다. 결단력과 꾸준함 말고는 내세울 게 없는 사람에게 이 경험은 두고두고 쓰리게 다가왔다. 나는 다시 기타를 배워야만 했다.

친구들과 삶이 좀 더 즐거워질 거리를 만들어보지는 애길 나눈 적이 있었다. 이미 클래식 기타를 잘 치는 친구는 콘트라베이스까지 배우고 있다며 우리에게 악기 배우기를 권했다. 재즈 밴드를 꿈꾸고 있다는 그의 얘기가 멋지게는 들렸으나 너무 멀게 느껴졌다. 직장인 밴드도 제법 많으니 서로 악기를 배워서 록 밴드를 만들어보자는 막연한 결론을 냈지만 쉽지 않아 보였다. 우린 저마다 삶의 방식이 달랐다.

러닝을 하다 동네 골목에 있는 악기 교습소를 보았다. 그 후 종종 교습소 간판을 지나쳤어도 잠깐의 호기심만 느꼈을 뿐, 그 어떤 행동으로도 이어지진 않았다. 무언가를 더 시도하기엔 난 이미 너무 빡빡한 삶을 살고 있었다.

몹시도 무덥던 올여름, 길을 건너려 건널목 신호를 기다리던 내 옆에 기타를 맨 두 명이 서 있었다. 잠시 그들의 대화를 들어보니 부자지간이란 것을 알 수 있었다. 아빠는 아들에게 코드 잡는 법을 설명해 주었고, 아들의 표정은 어린 나이와는 다르게 진지했다. 금방 신호가 바뀌어 더는 그들을 관찰할 수 없었지만 순간 '이거다' 싶었다. 그 짧은 사이 기타 배울 장소를 떠올렸고, 배우고 난 후 내 모습이 그려졌다.

이젠 일상이 된 나의 러닝도 시작의 계기는 단 한 문장이었다. '나는 왜 달리지 않는가?'라는 존경하는 작가의 달리기 예찬론에 느낀 바가 컸기 때문이다. 난 너무 쉽게 사랑에 빠진다. 단 한 번의 스침으로 기타를 다시 배우고 싶어졌다. 신호등 앞에 서 있던 부자에게서 내 아이들과 나의 모습을 보았다. 아직 우리가 행복해질 거리는 많았다.

글을 쓰고 있는 지금, 어쿠스틱 기타를 배운 지 5개월이 지났다. 아직 온전히 즐기질 못해 일주일에 한 번 배우는 것도 버겁다. 초보자들이 쉽게 포기하는 구간인 삼 개월은 넘겼으나 연습 시간이 부족해 교습소에 갈 때마다 민망하다. 이럴 때마다 스멀스멀 올라오는 포기의 유혹을 견디게 해주는 것은 단 하나의 이미지다. 기타를 맨 부자의 모습. 난 늘 쉽게 사랑에 빠지지만, 사랑을 가꿀 줄도 안다.

아빠가 사랑에 빠진 순간.

28.
챙겨 먹어요

새벽 5시 반. 알람에 맞춰 눈을 뜬다. 아직 사위가 어두워 일어나는 일이 여름보다 힘겹다. 부쩍 쌀쌀해진 날씨에 고장 난 코를 훌쩍이며 아이들이 잠든 방으로 간다. 아이들이 곤히 잠든 모습을 확인 후, 방문을 닫고 정수기에서 물을 받는다. 선반 위 약상자를 식탁에 내려놓고, 아침에 먹어야 할 영양제를 손 위에 올려놓는다. 한입에 털어 넣기엔 많은 양의 영양제를 물과 함께 삼킨다. 아내가 일어나 아이들 아침 준비를 시작하면 세수도 안 한 채 동네 헬스장으로 간다. 출근 전 40분 동안 가벼운 근력 운동과 러닝으로 하루를 시작한다.

특별할 것 하나 없는 여느 아이 키우는 집 모습이다. 그러나 감동적인 부분도 있다. '동네 헬스장으로 간다'가 그렇다. 애 아빠가 근력 운동 시작했다는 게 뭐 그리 대단한 일이겠냐만, 적어도 포기했던 일을 다시 시작한 내겐 커다란 기쁨이었다. 작년부터 러닝을 하며 생긴 몸 상태에 대한 확신이 다시 헬스를 시작할 수 있는 계기가 됐다. 많이 망가진 몸이라 생각했는데 가벼운 운동은 버틸 정도가 됐다. 여러 핑계로 몇 년간 가지 못했던 헬스장에 다시 다닐 수 있게 되니 잃어버린 소중한 것을 되찾은 기분이다.

먹는 영양제도 늘어났다. 예전엔 관심도 없던 영양제를 챙겨 먹고 있다. 주변 추천으로 이것저것 샀더니 양이 많아졌다. 내 몸에 들어간 것들의 효능은 몰라도 비타민 A부터 Z까지는 다 들어있는 것 같으니 대충 안심이 된다. 괜찮다. 이젠 건강하게 오래 살 일만 남은 것이다.

가을은 예정보다 늦게 찾아왔다. 늦은 미안함 때문인지 나무들도 뒤늦게 법석이다. 밤새 주차해 둔 차 위로 노랗고 빨간

잎사귀를 살포시 올려두곤 애교도 떤다. 귀엽긴 하다만 아침부터 치우려니 번거롭다. 내 속 어딘가도 후드득 떨어진 듯 해 괜히 낙엽을 보며 투덜대기도 했다.

며칠 전 친구 아버지가 돌아가셨다. 아침에 부고를 듣곤 많이 놀랐다. 친구가 걱정됐으나 당장 빈소로 갈 수 없었다. 퇴근 후 장례식장을 찾았다. 가는 길에 후배에게 연락해 친구 상태는 어떤지 물어봤다. 괜찮아 보인다는 말에 적이 안심했으나, 도착 후 마주한 녀석의 얼굴은 전혀 그렇지 못했다. 갑자기 아버지를 잃은 친구에게 해줄 수 있는 말이 없었다. 그저 끌어안고 같이 울어줬지만 부족했다.

빈소는 작았다. 몇 안 되는 좌식 테이블엔 교수님과 동문들이 앉아 있었다. 인사 후 근황을 나눴다. 떠들썩한 사람들 속에서 궁금하지 않은 문답으로 시간을 보냈다. 그날의 마지막까지 자릴 지키다 일어났다. 나는 출근을 해야 했고, 유가족은 쉬어야 했다.

아직 세 돌도 안 된 딸의 결혼식을 그려보았다. 누구에게도 보내고 싶지 않은 내 딸이지만, 언젠가는 그날이 올 것 같아 울

적했다. 버진로드 앞에서 딸 손을 잡은 내가 먼저 울 것만 같아 조금 웃음도 나왔다. 부쩍 아이들과 내 나이 차가 걱정된다. 그때의 난 노년기에 접어들었을 것이다. 그래도 딸 눈엔 세상에서 제일 멋진 아빠였으면 한다. 무상한 세상에 부질없는 욕심이지만 꼭 그랬으면 한다. 건강해야겠다. 유독 하루가 버거운 날, 아빠가 할 수 있는 건 이런 다짐밖에 없다.

행복해지자.

29.
눈 오는 날의 도서관

내 도예 선생님의 병문안을 다녀왔다. 선생님은 몇 주 전 폐암 수술을 마친 후 퇴원했는데, 폐에서 공기가 새어 나와 다시 입원하여 삽관 수술을 받았다. 병원으로 가는 길에 김밥 두 줄을 샀다. 병원 밥이 맛없다는 선생님의 부탁으로 챙겨갔지만 내심 쓸쓸했다. 전화 건너편에서 민망해하는 것이 느껴졌다. 회복을 위한 삼계죽, 마시고 싶다던 카페라떼마저 스스로 구할 수 없는 환자에겐 모든 도움이 미안하다. 혼자 사는 중년 남자가 아프다는 것은 이런 일이다.

병실로 들어가니 평소 잘 꾸미던 분의 초췌한 얼굴이 보였다. 상태를 물어보니 이 호스가 폐에 찬 물을 빼낸다든지, 빨리 기흉 부위를 찾아야 한다든지 듣기만 해도 무서운 이야기를 덤덤하게 전했다. 호방했던 예전 모습보다 아픈 모습을 자주 보게 되는 요즘이라 걱정이 많았는데, 결국 큰 수술로 끝을 맺었다.

차를 몰고 집으로 돌아오는 길에 눈이 내렸다. 차창 밖의 눈을 보니 집에 있으면 안 될 것 같았다. 주차 후 집에서 책 몇 권을 챙겨 나왔다. 자전거를 타고 집 근처의 카페촌을 찾았으나 카페마다 보이는 사람들의 행복한 표정이 나를 가로막았다. 내 기분은 그들과 같지 못했다.

자전거를 돌려 집 앞 도서관으로 향했다. 도서관 4층으로 올라가 보니 넓은 통창 근처에 빈자리가 있었다. 자리에 앉아 가방을 올려놓고 창밖을 쳐다보았다. 눈발은 거세졌지만, 도서관 내부는 창밖의 모습과는 달리 조용하고 따뜻하여 안정감이 있었다. 가방을 열어 책을 꺼냈다. 방학마다 밀린 숙제 하듯 구매해 뒀던 책을 읽는데 대체로 목표치의 절반밖에 읽지 못했다. 미뤄둔 숙제는 독서만 있는 게 아니다. 백수가 과로로 죽는다는 말은 나를 두고 한 말이다.

집에서 가져온 책은 전문 서적 두 권과 수필 두 권, 그림책 한 권이었다. 이 책들을 전부 읽겠다는 의지보다는 막상 도서관에 도착했을 때 무슨 책을 읽고 싶을지 알 수 없었기에 손이 가는 대로 가방에 넣었다. 보통은 마음이 심란할 때 수필을, 지루할 때는 소설을 읽는다. 그리고 좋아하는 소설가의 수필 읽기를 좋아한다. 작가의 일상을 엿보며 좁혀진 심리적 거리감에 실제로 그를 알고 있다는 착각도 든다. 즐거울 수밖에. 글은 곧 그 사람이다.

수필을 읽으려면 일종의 팬심도 필요하다. 그렇지 않고서야 잘 알지도 못하는 타인의 일상을 누가 궁금해하겠는가. 작가가 명문장가라면 얘기가 다르겠지만 유명인이라도 자신이 궁금하지 않은 사람의 수필을 돈과 시간을 들여 읽어볼 사람은 그리 많지 않다. 장 아무개의 그림 에세이가 인기 없는 것도 같은 맥락이다.

파란 표지의 수필집 〈나도 빌리처럼〉을 집었다. 온라인에서

글 쓰는 그의 글을 꾸준히 읽어 왔다. 과학과 예술, 여행까지 다양한 분야에 지적 호기심과 깊은 이해를 보여준 이 '사람'의 정체가 궁금했다. 이 작가가 왜 글쓰기를 시작했는지 알고 싶었다. 그리고 글로 보여준 타인을 향한 애정이 어디에서 시작됐는지 엿보고 싶었다.

   그의 직업은 의사였다. 그래서인지 책의 부제가 '동네 공인의 꿈'이다. 한 지역에서 개원한 지 이십 년이 넘은 의사다 보니 공인이 되었다는 그의 말이 수줍다. 젊어서 꿈꾸던 작가의 길은 현실이란 수레바퀴 밖에서 고달픈 삶을 위로하기 위한 손짓 정도라 여겼다는 말이 눈에 띄었다. 분명 이 문장을 오래 머금고 살았을 그의 모습이 그려졌다. 글쓰기는 작가에게 '오랫동안 고대하던 손님'이었고 다시 나타난 젊은 열망이었다.

   그는 늘 무언가를 배우고 있었다. 첼로를 배우고 프랑스어를 배웠다. 배움이 더뎌도 꾸준했다. 여행을 가서도 예술에 관심을 두었고 감동할 줄 알았다. 그 모습은 나이와 성별만 다를 뿐 나와 크게 다르지 않았다. 그렇기에 공감할 수 있었다. 책과 내 지난 경험을 나누는 동안 나는 혼자가 아니었다. 그는 책에서 그 어떤 자랑도 하지 않았지만, 나는 맞장구를 치며 내 경험을 덧붙였다. 고흐는 밀레를 존경할 수밖에 없었고, 이중섭의 생가를 보곤 얼마나 마음이 휑했는지 뉴질랜드의 북섬은 또 얼마나 아름다운지 끊임없이 그에게 말을 걸었다. 그는 글로 겸손하게 대답했다. 무해한 그의 문장에서 애정을 느꼈다.

한참이나 떠든 듯이 책을 읽고 나자 후련했다. 무겁던 무엇이 내 안에서 빠져나간 기분이었다. 책을 가방에 넣고 자리에서 일어나다가 문득 이 도서관에 내 책이 있는지 궁금해졌다. 검색을 통해 찾아간 서가에는 많은 책이 있었다. 분명 내 눈에는 잘 보여야 할 책을 십 분도 넘게 헤맨 후에야 찾을 수 있었다. 꺼내어 보니 페이지마다 보기 좋은 구김이 있었다. 분명 여러 명이 읽은 흔적이었다. 이 많은 책 속 작은 나의 책을 누군가는 찾아내고 읽어주었다.

집으로 돌아가는 길도 눈이 거세게 내렸다. 내가 사는 동네는 하얀 눈으로 가득 덮였고, 내 안에도 허연 무엇인가가 소복이 쌓였다.

눈과 아이.

30.
삶은 우리를 내버려두지 않는다

책장 앞에 쌓아둔 책을 이리저리 옮겨본다. 어떻게든 눈에 띄게 만들어 읽으려는 요량으로 쌓아둔 것인데, 괜히 각 角이 마음에 안 든다. 크고 두꺼운 책은 아래에 두고 작은 책을 위로 옮겼지만, 읽고 싶은 순서와 맞지 않아 다시 책을 정리한다. 쌓인 모양이 마치 분황사 모전석탑 같아 혼자 흐뭇해하다가도 갑자기 허탈해진다. 이 피곤한 성격을 어찌할 것인가.

―――――

쌓인 책들과 눈을 맞춘다. 늘 그래왔듯이 유명한 책은 조금

묵혔다가 읽는 습관이 있어 제목만 익숙한 책들. 가끔은 무엇이 책을 유명하게 만들었는지 궁금할 때가 있어 구매할 때도 있다. 사람들은 어떤 이야기에 반응할까.

뉴욕의 한 미술관에서 일하던 경비원의 자전적 에세이를 꺼냈다. 이 책은 오랫동안 베스트셀러였다. 제목으로만 본다면 내 취향은 아니다. 마치 요즘 유행하는 '~이지만 ~입니다.' 식의 제목이라 거부감부터 생긴 것도 사실이다. '나는 경비원으로 일하고 있지만, 사실 예술 작품을 감상하고 책으로 쓸 수 있는 고상한 사람이다.'라는 뜻으로 읽혀 비뚤어질 대로 비뚤어진 내 심사를 자극한다.

원제는 「all the beauty in the world」. 작가는 세상의 모든 아름다움을 자신이 일하던 박물관(미술관)에서 본 듯하다. 세계 5대 박물관 중 한 곳에서 일했으니 이런 대담한 제목을 지을 수 있었으리라. 그는 사랑하던 형의 죽음이 고통스러웠고 자신의 삶을 더는 그대로 이어갈 수 없었다. 비록 자신이 다니던 직장이 모두가 선망하는 〈뉴요커〉라고 해도 말이다. 갑자기 내 눈빛이 유순해진다. 상실이란 그런 것이다.

도망치듯 숨어 살고 싶어도 일은 해야 한다. 그런 면에서 대형 미술관의 경비원은 절묘한 선택이었다. 빈자리에선 상처만 보일 테니 눈을 밖으로 돌려 상처가 아물길 기다리는 게 현명하다. 천천히 페이지를 넘겨본다. 작가는 보통 사람이라면 압도당할 법한 방대한 양의 동양과 서양, 고대와 근대, 예술 작품과 공예품을 가리지 않고 관찰한 후 내면화한 것으로 보인다. 그는 마치 연고를 바르듯 예술 작품을 상처 치유에 활용했다.

문득 궁금한 점이 생긴다. 그가 자신의 상황을 잊고 상처가 치유되기까지 예술이 어떤 역할을 했을지 말이다. 본질적으로 예술 작품에는 슬픔과 아름다움이 혼재한다. 상실도 슬픔과 아름다움을 동시에 품고 있을지는 모르겠으나, 작가는 자신의 상실을 적극적으로 활용했다. 오랜 시간 작품을 관찰했고, 작품의 주제 속에서 자신의 아픔을 보았다. 그리고 그 아픔은 본인만 겪은 것은 아니었다는 사실을 깨달았다. (작가가 제일 사랑한 그림은 프라 안젤리코의 <십자가에 못 박힌 예수>다.) 그는 더 이상 외롭지 않았다. (작가는 동료들을 사랑하고 관객들에게 친절했다.)

무엇보다 다행인 사실은 그의 곁엔 아내가 있었다. 그리고 아이도 있었다. 아이와 함께하는 일상의 소란스러움이 자연스러워질 무렵, 그는 경비 일을 그만두고 다른 세상으로 나아갈 수 있었다. 곳곳에서 내 모습이 겹친다. 삶은 그렇게 이어지고, 빠르건 늦건 알아차리게 된다. 아름다움은 삶에 있다는 것을.

우리는 삶은 살아가야 하고, 삶은 우리를 내버려두지 않는다.
〈패트릭 브링리〉

———————

 어제 대학교 은사님 어머니의 부고를 들었다. 장례식장에서 뵌 교수님은 푸석해 보이는 얼굴만 제외하곤 평소와 다르지 않으셨다. 말씀을 들어보니 연로한 어머니와의 이별을 담담히 받아들이신 듯했다. 상실을 받아들이는 자세조차 교수님다웠다. 특별한 위로의 말을 찾지 못한 나는 그저 듣기만 하는 일이 죄송했다. 중간중간 찾아오는 조문객들에게 교수님은 긴 한숨처럼 같은 이야길 반복하셨다. 교수님이 많이 지쳐 보일 때쯤 인사를 드리고 자리에서 일어났다.

　엘리베이터엔 다른 빈소의 조문객이 있었다. 그들 중 한 명이 벌써 이번 달에만 장례식장에 다녀온 것이 몇 번째인지 모르겠다며 푸념했다. 봄의 문턱을 넘지 못한 고인들과 남아서 봄을 맞이해야 하는 사람들이 한 곳에 있었다. 나는 바깥의 공기가 마시고 싶어 서둘러 밖으로 나왔다. 뺨에 닿는 찬 공기가 겨울의 꼬리쯤 되는 것 같았다. 나는 이 시기가 눈물 난다. 긴 겨울 뒤에도 봄이 온다는 사실을 이제는 알기 때문이다.

항상 서로의 손 꼭 잡고.

31.
밥값도 못하는 사람들

내일 회식이 있는 아내는 걱정이 많다. 아이들 저녁거리도 미리 준비해 둬야 하고, 남편 일정도 확인해야 한다. 게다가 둘째는 아직 엄마 껌딱지라서 아빠가 잠을 재우는 일까지 여러모로 부담된다. 어쩔 수 없다. 아내도 새로운 직장에 적응해야 한다. 불현듯 내 기타 교습 날짜와 회식이 겹친다는 생각이 들었는지 일정 변경을 물었다. 미리 날짜를 바꿨다는 나의 대답에도 아내는 아직 궁금한 게 남았다.

"그 기타 강사님은 시간 변경을 잘해주시네. 일을 교습 하나만 하는 건가? 그걸로 벌이가 되는 거야?"

작업으로 벌이가 없던 내 지난 날을 알고 있지만, 아직 이쪽 사람들의 정서를 정확하게는 이해하지 못하는 아내다. 그 사람도 돈 벌고 싶으면 다른 일 했을 거라는 내 대답에도 여전히 아내의 표정은 아리송하다.

며칠 전 친구처럼 지내는 선배의 개인전이 있었다. 워낙 오랜만의 개인전이라 오픈 날 참석한 사람들이 많았다. 그는 과거 작업을 모아서 이번 전시를 만들었는데, 몇 개의 작업은 눈에 익었는지 이번 전시의 의도를 내게 묻는 사람들이 있었다. 궂은날에도 찾아 준 사람들과 인사 나누기 바쁜 작가보다는 내게 묻기 편했을 것이다. 본의 아니게 도슨트가 된 나는 이번 전시는 일종의 출사표이며, 이쯤에서 과거 작업을 한 번은 정리하고 새롭게 나아가려는 의도가 있을 것이라고 천연덕스럽게 대답했다. 그냥 모여서 술 한잔하자던 작가의 짧은 말만 듣고 내 식으로 해석해 주니 사람들은 고갤 끄덕였다. 나는 소설을 써야 한다.

전시 오프닝을 마치고 뒤풀이 장소에 갔다. 몇 분의 교수님과 선후배가 함께한 자리에서 못다 한 이야기가 이어졌다. 교수님들은 내 글 쓰기의 이유를 궁금해하셨다. 작업하겠다고 뛰쳐나간 녀석이 애들 키운다고 활동도 안 하다가 갑자기 책을 냈으니 설명이 필요했다. 궁색했는지 말이 길었다. 교수님들의 격려로 내 소명은 일단락됐지만, 술자리 중간중간 뜬금없는 부분에서 내 글에 관한 이야기가 나왔다. 사람들은 책 속 내 이야길 소재로 또 다른 이야길 이어갔다. 술자리가 그렇다.

앞자리의 한 선배가 취기가 올랐는지 실없는 농담으로 대화를 주도했다. 그의 농담이 지루해질 즈음, 교수님들은 좋으시겠다며 요즘 이렇게 자주 찾아뵙고 늘 함께하는 제자들도 없다고 말을 맺었다. 아니, 그렇게 끝나야 했다.

"얘네들 전부 밥값도 못하는 못난 녀석들인데 그래도 정은 많지 않나요, 교수님?"

선배는 뭐가 아쉬웠는지 의도를 알 수 없는 질문을 던지곤 너털웃음을 터뜨렸다. 순간 전원 꺼진 전구 같은 얼굴들이 보였다. 그의 말은 사실이었고, 아픈 말이었다. 술자리가 이렇다.

개인전을 축하하는 자리라 유머를 잊어선 안 됐다. 임기응변으로 원래 못난 소나무가 선산을 지킨다는 내 응수에 꺼졌던 전구들에 빛이 들어왔다. 다행히 분위기는 다시 밝아졌다. 한 교수님은 네가 글 쓰는 녀석이라 그런지, 보기 좋게 선배에게 한 방 먹였다며 두둔하셨다. 그러고는 갑자기 작은 책을 건넸다. 최근 전시를 하며 책까지 만들었는데, 너희들 생각나서 가져왔으니 한번 읽어보라고 말씀하셨다.

책을 통해 알게 된 전시는 2인전이었다. 고등학교 미술반 시절의 선 후배가 47년 만에 의기투합하여 전시를 기획하게 된 계기가 담겨 있었다. 책 속에는 그들의 작업 노트와 젊은 시절의 사진도 있었는데, 교복 입은 까까머리의 두 청년은 훗날 서강대와 한예종의 교수가 되었다. 왜 뭉클한 것일까. 이룬 것 없이 희망만 있던 시절이 아름다웠다. 물론 그들의 현재를 알기 때문이겠지만, 몰랐어도 내 감상은 다르지 않았을 것이다.

예술가의 일생에는 자기 의심과 불안, 그리고 인고의 시간이 많은 부분을 차지한다. 좋아서 하는 일이라도 예술가는 안팎으로 싸워야 할 것들도 많다. 필연적으로 인정과 승인에 목말라하며, 많은 돈은 아니더라도 최소한의 생계는 유지할 수 있는 환경도 만들어야 한다. (작품만 팔아서 활동을 이어갈 수 있는 작가는 극히 일부분이다.) 그렇기에 꾸준히 작업을 이어간 그들의 모습에서 현재를 이해할 수 있었고, 현재의 모습에서 지난 시간이 보이기에 가보지도 못한 전시에 마음이 일렁였다.

나는 아직 타인을 축하하는 위치에 머물러 있다. 지금도 지난 시간을 반추하며 글을 쓰고 있지만, 내 무력한 글에 무슨 의미가 있을지 자기부정을 떨쳐내는 일도 버겁다. 떠오르는 상념에 느리게 페이지를 넘기다 책 마지막에야 들을 수 있던 교수님 독백에 위안을 받는다.

그림은 나의 유일한 무기였으며,
내 재주 없음을 실험하는 곳이고,
(중략)

잘 그린 그림이 아니라 좋은 그림을 그리고 싶었다.
『이런 날이 올 줄 알았다』 이기진 김지원 47년 중 김지원의 글

나에게 한 말일지도 모른다. 그래, 아무렴 어떤가. 이 모든 것이 예술의 원동력인 것을.

글은 지금 너의 유일한 무기이며,
네 재주 없음을 실험하는 도구이고,
잘 쓴 글이 아니라 마음을 움직이는 좋은 글을 써야 한다.

난 밥보다 주스가 좋은데?

에필로그

상처 난 자리에 핀 반창고

아기 때부터 자잘한 상처에 붙여주던 반창고가 우리 집 아이들에겐 만병통치약인가 보다. 어디만 살짝 부딪혀도 엄살을 떨며 반창고부터 찾는다. 게다가 아이용 반창고엔 뽀로로나 헬로 카봇 등 아이들이 좋아하는 캐릭터들이 그려져 있으니, 울 아이들은 몸을 꾸미는 화려한 액세서리로 여기는지도 모르겠다.

―――――――――

거실에 앉아 있으면 아이들이 서로 내 무릎을 차지하려 다툴 때가 있다. 아빠의 양반다리가 편안한지 서로 앉으려 한다. 아쉽게도 아빠는 한 명이기에 결국 비좁게 무릎 양쪽에 앉게 된다. 이 조그만 생명들을 양팔 가득 채워 안을 때의 기쁨을 어떤 말로 표현할 수 있을까. 이런 다툼만큼은 아이 둘을 가진 아빠가 누릴 수 있는 호사이기에 모르는 척 말리진 않는다. 아이들이 무릎에 앉으면 서로 경쟁하듯 내 신체의 구석구석을 살피고 만진다. 신기한 건 여태까지 여러 번 발견했던 아빠 몸의 흉터가 아이들에겐 아직도 호기심의 대상이라는 것이다. 특히나 팔목에 있는 꿰맨 자국이 아이들의 상상력을 자극하는지 했던 질문을 자주 한다.

"아빠, 이 상처는 아빠가 우리들 요리해 주다가 생긴 거야?"

"응. 아빠가 너희들 먹으라고 떡갈비 만들다가 다친 거야."

"아빠 많이 아프지? 민결이가 반창고 붙여줄게."

"아빠, 아빠, 물결이도 붙여줄게요."

중식도로 애들이 먹을 떡갈비를 다지다가 미끄러져 손목을 베인 적이 있었다. 상처 난 이유를 물어보는 아들에게 별생각 없이 대답해 줬는데, 녀석은 그 사실을 기억하곤 흉터를 볼 때마다 내 팔목을 걱정해 준다. 아빠 이제는 괜찮다고 누누이 말해줘도 아이는 내 팔에 반창고를 붙여준다. 아마도 걱정보다는 반창고를 붙여주는 행위 자체가 재밌어서 그럴 것이다. 아무렴 어떤가. 분명 아이들이 붙여주는 반창고엔 치유 효과가 있다.

　고사리같이 작은 손으로 반창고를 꾹꾹 누르며 이젠 괜찮을 거라 말하는 아이의 머릴 쓰다듬어 줬다. 고맙다는 말을 채 듣기도 전 뽀로로 뛰어가 동생과 노는 아이를 보다가 내 마음 어딘가에 새살이 돋는 게 느껴졌다. 가슴은 뜨끈해지고 간지럼이 올라왔다.

　작은 모습의 내가 커다란 나를 걱정한다. 자식을 가진 사람만

할 수 있는 놀라운 경험 아닌가. 아이들의 손길이 마음속 깊은 곳까지 어루만져 주는 느낌이 들 때가 있다. 순수 앞에선 오랜 시간 담장을 쌓듯 상처를 둘러싼 마음의 벽이 쉽게 허물어진다. 육아가 과거의 결핍을 보상해 줄 수 있을까. 확실한 건 어린 시절의 나와 지금의 나를 이어주는 다리는 아이들이란 것이다. 어린 나를 보듬듯 아이들을 돌보는데, 그런 나를 아이들이 먼저 안아준다. 익숙한 하루의 빛에 왜 그런지 눈이 시리다.

... (전략)

의미와 무의미의 온갖 폭력을 이겨내고 하루하루를 온전히 경험하길, 그 끝에서 오래 기다리고 있는 낯선 나를 아무 아쉬움 없이 맞이하길 바랍니다.

〈허준이 교수 서울대 졸업사 중〉

아빠는 곰이 아니야.

에필로그

물감이 스며든 아빠의 하루

초판 인쇄 2025년 7월 22일
초판 발행 2025년 7월 30일

글·그림 장광현
발행인 조현수
펴낸곳 도서출판 프로방스
기획 조영재
마케팅 최문섭
편집 문영윤

주소 경기도 파주시 광인사길 68, 201-4호(문발동)
전화 031-942-5366
팩스 031-942-5368
이메일 provence70@naver.com
등록번호 제2016-000126호
등록 2016년 06월 23일

정가 18,000원
ISBN 979-11-6480-394-1 (03710)

파본은 구입처나 본사에서 교환해드립니다.